„BEZAHLEN SIE ZU VIEL?"

Geld-Experte zeigt: Mit diesen neuen Methoden sparen Sie jedes Jahr bis zu 4.420 € im Haushalt - ohne Verzicht auf Luxus

Martin Wagner

INHALTSVERZEICHNIS

Einleitung

Für das Sparen hatten wir Deutschen in den vergangenen Jahrzehnten immer ein Talent. Als Sparer sind wir weltweit anerkannt, und diesen Ruf würden wir gerne beibehalten. Doch die gegenwärtige Situation macht es schwierig, da Einflüsse existieren, die eine negative Auswirkung auf unseren Sparfleiß haben:

> ➤ Geringe Zinsen auf dem Sparbuch und anderen festverzinslichen Geldanlagen
> ➤ Anreize zu verstärktem Konsum durch günstige Kredite
> ➤ Digitalisierung und neueste technische Produkte schaffen Wünsche nach Luxus

Wir leben in einer Welt, in der die Versuchung gefühlt an jeder Straßenecke auf uns wartet: Günstige Finanzierungen machen den Kauf des Traumwagens zur Realität, aber belasten in der Folgezeit langwierig die Finanzen. Verträge für die neuesten Smartphones, bei denen bereits Azubis und Studenten monatlich Raten für ein 2.000-Euro-Smartphone abstottern, sind überall und für jeden ohne Bonitätsprüfung erschwinglich. Smart-Home-Anwendungen und deren hoher praktischer Nutzen bringen Luxus und Einfachheit ins eigene Zuhause – doch um welchen Preis?

Schaut man sich die Ersparnispotenziale an, die Sie in diesem Buch kennenlernen werden, ist es ein sehr hoher Preis. Wir werden Schritt für Schritt in jedem einzelnen Kapitel die Bereiche durchgehen, in denen Sie sparen können. Setzen Sie nur einen der Ratschläge aus den Kapiteln in die Tat um, sind als Beispiel folgende jährliche Einsparungen realistisch:

> ➤ Lebensmittel: 200 € durch optimale Lagerung
> ➤ Mode: 60 € durch Kauf über Gutscheinplattformen

> ➢ Technik & Luxus: 100 € durch Kauf bei professionellen Gebrauchthändlern
> ➢ Laufende Verbindlichkeiten (Miete, Abonnements etc.): 1.000 € durch Optimierung der Verträge
> ➢ Auto: 2.000 € durch Umdenken bei der Mobilität
> ➢ Finanzen: 60 € durch Entscheidung für eine Direktbank
> ➢ Urlaub: 1.000 € durch Buchung von Unterkünften über Airbnb und frühzeitige Flugbuchung

Insgesamt kommen somit jährlich 4.420 € zustande – so die Theorie... Wie es bei Ihnen aussieht, hängt von Ihrer bisherigen Einnahmen- und Ausgabensituation ab. Es ist ebenso möglich, dass Sie mehr sparen werden. Andererseits kann es auch zu Ersparnissen von „nur" 1.000 € im Jahr kommen. Aber 1.000 € sind immerhin ein Betrag, zu dem Sie nicht Nein sagen würden, würde Ihnen das Geld heute angeboten werden. Fakt ist: Der Betrag wird Ihnen angeboten! Es geschieht in Form der in diesem Ratgeber genannten vielfältigen Tipps, von denen Sie in der obigen Aufzählung lediglich einen kleinen Auszug gesehen haben. Es lohnt sich also, weiterzulesen und zu erfahren, wie Sie den zahlreichen heutigen Versuchungen zum Ausgeben von Geld widerstehen können.

Das Problem sind aber nicht nur die Versuchungen an sich, da es diese bereits früher gab. Heutzutage fehlt der Anreiz, diesen Versuchungen zu widerstehen. Wer sein Geld aufs Sparbuch legt oder in einen festverzinslichen Altersvorsorgevertrag einzahlt, erhält Zinsen in Höhe von unter 0,1 % beim Sparbuch bzw. unter 1 % beim Altersvorsorgevertrag. Beides reicht nicht, um nach Abzug der Geldentwertung durch die Inflation einen Gewinn einzubringen. Belohnt wird nur, wer ins Risiko geht: Geldanlagen in Aktien, fondsbasierte Altersvorsorgen, Investition in Anleihen, Rohstoffe und weitere Wege des Sparens bieten Zinsen, die insgesamt einen Gewinn einbringen. Immobilien reduzieren zwar das Risiko, werden von vielen allerdings nicht finanziert, da sie preislich nicht erschwinglich erscheinen. Am Ende führt der Weg zum Sparbuch zurück – hier fühlten wir Deutschen uns in den vergangenen Generationen und Jahrzehnten immer sicher.

Allmählich dämmert sogar den größten Optimisten, dass das Sparbuch sich nicht mehr rentiert. Dennoch wird weiterhin im Sparbuch Geld angelegt oder der Wechsel auf die risikoreicheren Formen der Geldanlage (Aktien, Rohstoffe etc.) gewagt. Welche Entscheidung es auch immer wird: Geld über einen langfristigen Zeitraum zu sparen geht nur, wenn möglichst viel Geld kurzfristig zurückgelegt wird. So entstehen von Tag zu Tag kleine Sparbeträge, die am Ende des Monats als monatlicher Betrag in das Sparprodukt der eigenen Wahl investiert werden. Diese Logik ist zu Beginn dieses Ratgebers wichtig zu verstehen:

Wer jeden Tag sagt „Ich werde morgen anfangen, zu sparen", wird am nächsten Tag aller Voraussicht nach nicht anfangen, zu sparen. Das Sparen ist ein Prozess, der an jedem Tag stattfindet und im Rahmen fest definierter Grenzen abläuft. So sammeln sich mit jedem Tag die angepeilten Sparbeträge pro Woche und pro Monat an. Dies führt dazu, dass langfristig die Sparziele erreicht werden.

Natürlich besteht nicht das gesamte Leben aus Sparen. Durchaus werden Sie hin und wieder Urlaub machen oder sich ein schickes Essen mit Ihrem/Ihrer Liebsten gönnen. Auch werden Monatsbeiträge für Netflix oder das Fitnessstudio im Rahmen des Möglichen sein. Eine zentrale Rolle in diesem Buch wird aber spielen, dass Sie lernen, zu entscheiden, was notwendige Ausgaben sind und was nicht. Dies wird in jedem Kapitel dieses Buches eine wichtige Lektion sein. Darüber hinaus werden Bereiche aufgegriffen, in denen Ausgaben notwendig sind, weil sie einfach sein müssen: Girokonto, Versicherungen, Auto, Lebensmittel u. Ä. In diesen Bereichen werden die Möglichkeiten zur Kostensenkung erörtert. So entsteht ein Rundum-Paket in diesem Buch, welches Sie durch diverse Bereiche führt und Ihnen aufzeigt, wie Sie absolut individuell sparen können. Doch bevor Sie mit dem Lesen beginnen, ist es wichtig, dass Sie einige präzise Definitionen festlegen:

1. Über welchen Zeitraum möchten Sie sparen?
2. Wie viel möchten Sie sparen?
3. Wofür möchten Sie sparen?

Antworten Sie auf diese Fragen konkret. Zum Beispiel: „Ich möchte jeden Monat sparen. Dabei lege ich 80 € zurück, damit ich für mein Alter vorsorge." Dies sind konkrete Angaben. Alternativ geht es mit kurzfristigem Anlagehorizont: „Jeden Monat lege ich den Betrag von 300 € zurück. Dies tue ich zehn Jahre lang, um danach genug Eigenkapital für die Finanzierung meines Eigenheims über die Bank zu haben."

Sehr wohl dürfen Sie die Ziele kleiner stückeln, indem Sie sich wöchentliche oder tägliche Ziele zum Sparen setzen. Der Vorteil einer feinen Aufteilung der Ziele ist der bessere Überblick: Sie sehen, wann Sie Gefahr laufen, Ihre Ziele zu verfehlen, und können rechtzeitig gegensteuern. Ob wöchentlich, täglich oder monatlich: Gestalten Sie Ihre Zielsetzung beim Sparen realistisch! Da Sie die Ziele konkret formulieren, werden diese jederzeit messbar sein. Durch Realismus und Messbarkeit erhalten Sie bereits aus dieser Einleitung zwei wichtige Faktoren. Zu guter Letzt sei noch der Tipp erwähnt, zusätzlich Visualisierungsmethoden zu nutzen. Es muss sich um kein großes Plakat an der Wand handeln, ein kleiner Zettel oder ein Notizblock genügen bereits. Fertigen Sie ein Diagramm oder eine andere leicht zu erstellende Grafik an, in dem bzw. der Sie Ihren täglichen Fortschritt beim Sparen dokumentieren. Es kann sich beispielsweise um ein Monatsdiagramm mit je einem Balken pro Monatstag handeln. Werden die Ziele erreicht, ist der Balken voll. Werden sie nicht erreicht, ist der Balken nicht voll und es muss am nächsten Tag kürzergetreten werden. Werden die Ziele gar übertroffen, dann wird der Balken des nächsten Tages angemessen weit aufgefüllt, sodass Sie am nächsten Tag die Leine lockern dürfen.

Meine Empfehlung ist, dass Sie Ihre Ziele monatlich formulieren, aber täglich visualisieren. So erhalten Sie einen optimalen Mix, der Ihnen jederzeit Achtsamkeit und komplette Messbarkeit beim Überwachen Ihrer Ziele verschafft. Zugleich wird die psychologische Komponente des Sparens durch Zielsetzungen und Visualisierungen abgedeckt, denn ein erheblicher Anteil der Ausgaben resultiert aus spontanen Drängen bzw. Wünschen und dem Mangel an festen Grenzen für Ausgaben.

Formulieren Sie nun Ihr Ziel! Gehen Sie im Anschluss mit dieser Zielsetzung in Ruhe dieses Buch Kapitel für Kapitel durch und sehen Sie, welche Sparmaßnahmen in den einzelnen Kapiteln Sie in welchem Ausmaß ergreifen möchten. Während die einen Leser nur eine Versicherungsoptimierung durchführen müssen, um Ihre Ziele zu erreichen, werden die anderen Leser umfangreichere Maßnahmen ergreifen müssen. Alles in allem liefert Ihnen dieser Ratgeber genug Stoff, um gemäß Ihrem Lifestyle und Ihren Ansprüchen an Lebensqualität Geld zu sparen. Sofern Ihnen eine Sparmöglichkeit nicht behagt, dürfen Sie selbstverständlich Abstand von dieser nehmen und sich an einer anderen Option versuchen. Um Ihnen diese Flexibilität zu bieten, behandelt dieses Buch zahlreiche Bereiche: Lebensmittel & Drogerie, Mode, Technik & Luxus, Verträge, Auto, Finanzen und Urlaub.

Nun sind Sie am Zug. Entwerfen Sie ein eigenes Konzept, welches Ihnen hilft, durch erfolgreiches Sparen die eigenen Träume zu verwirklichen, Ziele zu erreichen und/oder sich fürs hohe Alter abzusichern!

LEBENSMITTEL & DROGERIE

Lebensmittel und Drogeriewaren sind Produkte des täglichen Bedarfs. Während es sich bei Lebensmitteln um existenziell wichtige Produkte handelt, sind Drogeriewaren zwar nicht existenziell wichtig, jedoch wäre es um die Hygiene einer jeden Person bereits nach spätestens zwei Tagen schlecht bestellt, würden Drogeriewaren nicht zum Einsatz kommen. Letzten Endes führt kein Weg an Lebensmitteln und Drogeriewaren vorbei, weswegen neben einem günstigen Einkauf auch eine gute Lagerung zu beherzigen ist. Drogerieartikel weisen kein Mindesthaltbarkeitsdatum auf und bereiten bezüglich der Lagerung keinerlei Probleme. Dies trifft jedoch durchaus auf Lebensmittel zu, bei denen einiges an Konzeption und Planung erforderlich ist, um Ersparnisse zu realisieren. Glücklicherweise existieren Möglichkeiten, um in diesem Bereich Geld zu sparen, in Hülle und Fülle. Sogar Geld dazu zu verdienen ist möglich. Überzeugen Sie sich in den folgenden Unterkapiteln selbst davon.

Lebensmittel und Drogeriewaren gratis erhalten

In dieses erste Unterkapitel steigen wir spektakulär ein: Aus „Sparen" werde „geschenkt erhalten"! Es existiert im Internet eine kleine Menge an Plattformen, auf der Sie über nahezu alle erdenklichen Geschenkaktionen oder Rabattaktionen informiert werden. Auffällig viele der Angebote offerieren Ihnen Artikel gratis. Die zwei mutmaßlich wichtigsten Plattformen sind in diesem Kontext sparwelt.

de[1] und einfach-sparsam.de[2]. Beide Plattformen zeigen Ihnen sowohl reduzierte als auch gratis erhältliche Artikel an, wobei das Wort „gratis" ein Stück weit relativiert werden muss: Sie müssen nämlich in Vorkasse gehen und vor Ort kaufen. Nachdem Sie den Kassenbon eingescannt und auf der jeweiligen Plattform hochgeladen haben, erhalten Sie den vollen Kaufbetrag auf Ihr Konto zurücküberwiesen. Werfen wir einen Blick auf die beiden Plattformen und einige weitere Möglichkeiten, Lebensmittel sowie Drogeriewaren gratis zu erhalten.

Sparwelt.de: Übersichtlich aufgebaut und mit großem Angebot

Sparwelt.de überzeugt mit einem übersichtlichen Aufbau, wie bereits der Header der Website abbildet. Dort sind mehrere Kategorien aufgelistet. In der ersten Kategorie erhalten Sie einen Überblick über die verschiedenen angebotenen Gutscheine einzelner Geschäfte. Die zweite Kategorie bildet die Schnäppchen und die besten Deals der Woche ab. In der dritten Kategorie lassen sich mehrere Gratisproben abstauben, wobei Gratisproben beeindruckend großzügig definiert wird: Neben Cremes und Lebensmitteln finden sich Gratis-E-Books und Gratistrainings fürs Fitnessstudio im Angebot. Unter „Magazin" sind vier Magazine abgebildet, die die Themen Reisen, Leben, Liebe und Gesundheit umfassen. Eine weitere Kategorie stellt Ihnen Specials vor, zu denen u. a. eine Reihe an Leasing-Angeboten für Fahrzeuge verschiedenster Marken gehört. Bei einem Blick auf den aktuellen Header der Kategorie „Gratis – Cashback" zeigen sich alle Kategorien samt Such- und Login-Funktion sowie den „großen NORDSEE-Probierwochen".

---

[1] https://www.sparwelt.de/gratis/cashback#gratis
[2] https://www.einfach-sparsam.de/geld-sparen/lebensmittel-coupons/

Quelle: sparwelt.de[3]

Weiter unten folgt eine Auflistung der einzelnen Deals, die sich nochmals in „Gratis", „Rabatte", „Prämien" und „Gewinne" unterteilen lässt. Die Aktionszeiträume, der Einsendeschluss von Kassenbons, eine genaue Erklärung der Aktion und eventuelle Sonderbedingungen werden hier transparent aufgelistet, woraufhin Sie beim Klick auf „Zum Angebot" direkt zum Angebot des Anbieters weitergeleitet werden und Ihren Kassenbon hochladen können.

Quelle: sparwelt.de[4]

---

[3] https://www.sparwelt.de/gratis/cashback
[4] https://www.sparwelt.de/gratis/cashback

Sowohl Cremes als auch Duschgels, Getränke, Lebensmittel und vieles mehr lassen sich finden. Nutzer, die daran interessiert sind, über die Angebote auf dem Laufenden gehalten zu werden, finden durch eine Registrierung und ein Abonnement die Möglichkeit dazu. Eine Einladung zum Newsletter findet sich beim Scrollen relativ schnell. Dies zeigt der folgende Screenshot, der ebenso abbildet, wie es aussieht, wenn eine Aktion vorzeitig ausläuft.

Quelle: Sparwelt.de[5]

Sparwelt.de beeindruckt durchweg mit vielen Angeboten. Auch Artikel, die es nicht gratis gibt, erhalten Interessierte zu mehr als nur fairen Konditionen in einem absolut neuen und unbenutzten Zustand. Beispielhaft steht hierfür ein Akku-Set des Herstellers STIHL, auf welches es (Stand: Februar 2020) einen Rabatt von 60 € gab. Da ein Großteil der Produkte bei allen großen Supermärkten erhältlich ist, bleibt Hin- und Herfahren zum Zusammentragen der Produkte erspart. Sie finden mehrere Rabatt-Produkte bereits in einem Laden. Machen Sie sich daheim Notizen und suchen Sie gezielt die Produkte, dann werden Sie in der Re-

[5] https://www.sparwelt.de/gratis/cashback

gel beträchtlich sparen. Doch Achtung: Den Kassenbon immer mitnehmen!

Einfach-sparsam.de: Mit Versicherungs- und Stromvergleichen – von jedem Angebot etwas!

Einfach-sparsam.de kann als Plattform in einigen Aspekten mit Sparwelt.de nicht mithalten. Dazu zählen die Gestaltung der Plattform, der Umfang der Angebote im Bereich der Drogerie und Lebensmittel sowie der Umfang der Informationen, die der Nutzer auf einen Blick erhält. Dafür zeichnet sich die Plattform durch ein Angebot aus, welches in zahlreichen Bereichen des Lebens den eigenen Geldbeutel entlasten kann:

- ➢ Telefon & Internet
- ➢ Strom
- ➢ Gas
- ➢ Pellets
- ➢ Krankenversicherung
- ➢ KFZ-Versicherung
- ➢ Ratenkredite
- ➢ Und viele mehr…

Auf der Website des Anbieters werden mehrere Arten von Coupons zur Verfügung gestellt, aber wesentlich weniger Informationen auf einen Blick geliefert. Um näheres zur Dauer einer Aktion zu erfahren müssen sich Nutzer mehrmals durchklicken, was bei Sparwelt. de nicht der Fall ist. Folgender Screenshot bildet den Sachverhalt ab:

Quelle: einfach-sparsam.de[6]

Bei einem Klick auf „weitere" bei jeder der Couponauswahlen erfolgt die Weiterleitung auf eine andere Unterseite im selben Fenster. Dort wird – ganz praktisch – eine Auswahl der Shops, die bei dieser Aktion mitmachen, aufgeführt. Im Sinne der Nutzerfreundlichkeit sind die Namen der größten Supermärkte fett markiert. Auch ein Kommentarbereich ist vorhanden (im folgenden Screenshot nicht zu sehen), was dahingehend nützlich ist, als dass wichtige und von der Redaktion vergessene Details zur Aktion durch die Nutzer nachgetragen werden können.

---

[6] https://www.einfach-sparsam.de/geld-sparen/lebensmittel-coupons/

Quelle: einfach-sparsam.de[7]

Klicken Nutzer auf „Direkt zur Aktion", werden Sie zur Website des Anbieters weitergeleitet. Dort gibt es die Möglichkeit, den Kassenbon hochzuladen und die IBAN einzutragen, damit eine Rücküberweisung des Kaufbetrags erfolgen kann. So erhalten Nutzer den Kaufpreis erstattet oder – je nach Aktion – Teile vom Kaufpreis zurück. Meistens ist der gesamte Vorgang noch an die Beantwortung einiger Fragen geknüpft, was in der Praxis wie folgt aussehen kann:

Quelle: koffein.airwaves.de[8]

---

[7] https://www.einfach-sparsam.de/coupons/aktionen.php?id=3064#maerkte

[8] https://koffein.airwaves.de/

13

Im weiteren Verlauf werden die für einen Cashback erforderlichen Daten eingegeben. Damit wird der gesamte Prozess vervollständigt:

Quelle: koffein.airwaves.de[9]

Einfach-sparsam.de lässt sich als eine geeignete Ergänzung zu Sparwelt.de anführen. Sie sollten sich bei Sparwelt.de zuerst die Angebote sichern, da dort eine bessere Übersicht gegeben ist und mehr Informationen auf Anhieb erkennbar sind, und dann auf Einfach-sparsam.de nach Angeboten Ausschau halten, die Ihnen womöglich auf Sparwelt.de entgangen sind oder dort nicht aufgeführt waren. Die Vergleichsfunktionen für Versicherungen, Strom, Gas und weitere Aspekte unter dem Menüpunkt „Vergleich" sind zwar interessant und nett, aber in Relation zu professionellen Vergleichsportalen in diesen Segmenten eher nicht zu empfehlen. Konzentrieren Sie sich also rein auf Lebensmittel und Drogerie auf dem Portal Einfach-sparsam.de, dann werden Sie als Gewinner hervorgehen.

Beispiel-Ersparnis bei der Nutzung von Gutscheinplattformen

5 € pro Einkauf!

---

[9] https://koffein.airwaves.de/

Jobs als Produkttester

Neben den Gelegenheiten zu Ersparnissen auf Portalen gibt es die Möglichkeit, Produkttester zu werden. Sie finden Anzeigen für entsprechende Jobs auf dem Portal EbayKleinanzeigen, Indeed, Schwarzen Brettern im Internet und zahlreichen weiteren Websites, die Minijobs anbieten und Suchende zusammenbringen. Seien Sie bei den Angeboten vorsichtig, da einige der Anbieter unseriös sein könnten. Grundsätzlich müssen Sie immer in Vorkasse gehen. Hat der Anbieter keine Website mit Impressum, ist von der Tätigkeit als Produkttester bei diesem Anbieter definitiv abzusehen!

Damit Sie direkt zwei seriöse Anlaufstellen finden, erhalten Sie zwei Plattformen kurz vorgestellt. Dabei handelt es sich um empfohlen. de[10] und testerjob.net[11]. Beide Plattformen bieten ihren zahlenden Kunden positive Bewertungen gegen Bezahlung an. Diese positiven Bewertungen erfolgen durch Produkttester, die die Produkte kaufen und dann bestmögliche Bewertungen dafür abgeben.

Hinweis!

Sie müssen definitiv für das gekaufte Produkt eine positive Bewertung abgeben. Dies ist mit der Annahme eines Auftrags sofort klar. Sollte Ihnen ein Produkt nicht gefallen, müssen Sie es dennoch positiv bewerten. Personen, die damit moralische Probleme haben, sind bei dieser Tätigkeit nicht richtig aufgehoben.

Der Vorteil beider Plattformen ist, dass Tester im Gegenzug für die Bewertung einerseits das Produkt kostenlos erhalten, andererseits eine zusätzliche Vergütung obendrauf. Diese spielt sich meistens im Bereich weniger Euros ab, ist allerdings besser als gar nichts. Hier wird also nicht nur gespart, sondern verdient! Dabei hat emp-

---

[10] https://www.empfohlen.de/
[11] https://testerjob.net/

fohlen.net digitale Produkte im Angebot, während testerjob.net die adäquate Anlaufstelle für Drogeriewaren und Supplemente ist. Tatsächlich gibt es keine Lebensmittel zum Testen bei testerjob.net, aber mit Supplementen wie Proteinpulvern, Energy-Cakes und anderen energiereichen Produkten lassen sich Alternativen für die ein oder andere Mahlzeit finden. Sportler, die ohnehin auf Supplemente angewiesen sind, profitieren von einem permanent verfügbaren Angebot. testerjob.net ist zuverlässig, flexibel und bietet mit Büchern, Filmen, technischem Equipment, Software und vielem mehr eine schier unermessliche Anzahl an Produkten zum Test an.

Quelle: testerjob.net[12]

Im Screenshot sehen Sie die wichtigsten Aspekte. Da viele Amazon-Produkte getestet werden, lohnt sich eine Mitgliedschaft bei Amazon-Prime, wodurch der Versand schnell und kostenlos erfolgt. Allerdings ist bei testerjob.net genauso wie bei empfohlen. de Vorsicht bei der Abrechnung geboten: Da Tester bezahlt werden und Geld auf deren Konto fließt, werden sie diesbezüglich Rechenschaft vor dem Finanzamt ablegen müssen. Obwohl die Anbieter damit werben, die Tätigkeit als Produkttester bringe steuerfreies Einkommen, muss alles vor dem Finanzamt verantwortet werden. Tester sind aufgerufen, sich der Sicherheit wegen beim Finanzamt

---

[12] https://testerjob.net/

16

als Kleinunternehmer anzumelden. Das Einkommen – welches bei der Anmeldung geschätzt werden muss – ist mit unter 8.004 € im Jahr anzugeben. Dann bleiben dem Tester Einkommenssteuervorauszahlungen erspart. Tester müssen zudem sämtliche Quittungen aufbewahren und diese beim Steuerberater einreichen. Alternativ können Produkttester eine Steuererklärung selbst machen, da diese in solch kleinem Rahmen denkbar einfach ausfällt. Tutorials und Anleitungen im Internet helfen dabei. Wer also nicht nur sparen, sondern verdienen möchte, muss bei der Tätigkeit als Produkttester ein bisschen Bürokratie managen.

Beispiel-Ersparnis bei der Tätigkeit als Produkttester

Produkt geschenkt + 2 € Honorar!

In Anbetracht der großzügigen Konditionen lohnen sich Tätigkeiten als Produkttester für führende Portale wie testerjob.net. Sie erhalten neben den Produkten an sich ein kleines Honorar. Da Sie mehrere Produkte auf einmal bestellen und bewerten können, lohnt es sich trotzdem. Geben Sie sich nicht der Illusion hin, immer die Produkte zu erhalten, die Sie gerade suchen. Aber rechnen Sie damit, immer mal wieder gratis und sogar mit Bezahlung etwas Neues ausprobieren zu können. Beim Lebensmitteleinkauf für daheim sparen Sie auf Portalen wie Sparwelt.de und Einfachsparsam.de. Möchten Sie sich auf Neues einlassen und die Drogerie ausstatten, dann ist das Portal testerjob.net für Sie eine ideale Wahl. Insgesamt erschließen sich Ihnen durch die Plattformen in diesem ersten Unterkapitel massive Einsparpotenziale.

Neben dem Kauf kommt der Frage nach der Haltbarkeit der Lebensmittel eine große Bedeutung zu. Es offenbart sich, dass in vielen Haushalten die Lebensmittel zu früh weggeworfen werden. Ebenso zeichnet sich oftmals eine unzufriedenstellende Lagerung der Lebensmittel ab, was letzten Endes dazu führt, dass zahlreiche Lebensmittel frühzeitig verderben. Dem lässt sich entgegenwirken.

Damit nichts weggeworfen werden muss: So lange halten Lebensmittel

2012 gab es eine Studie der Universität Stuttgart[13] zur „Ermittlung der weggeworfenen Lebensmittelmengen und Vorschläge zur Verminderung der Wegwerfrate bei Lebensmitteln in Deutschland". Im Rahmen dieser Studie stellte sich heraus, dass jeder Bürger in Deutschland 81,6 kg an Nahrungsmitteln pro Jahr wegwirft. Die Gründe hierfür:

➢ Verwechslungen von Mindesthaltbarkeitsdatum mit Verbrauchsdatum
➢ Unwissenheit über die Haltbarkeit von Lebensmitteln
➢ Mangelnde Kenntnisse über eine korrekte Lagerung von Lebensmitteln

Zwar werden Sie im Rahmen dieses Kapitels Ratschläge erhalten, wie Sie das Verderben und Wegwerfen von Lebensmitteln dadurch geringhalten, dass Sie nur so viel von den Lebensmitteln kaufen, wie Sie wirklich benötigen. So sind ein schneller Verbrauch und die Verhinderung eines Verderbens der Lebensmittel sichergestellt. Zudem finden sie aber auch wichtige Hinweise dazu, wie Sie die Lagerung von Lebensmitteln optimieren. Diese Kenntnisse werden Ihnen nutzen, falls Sie doch einmal zu viel einkaufen.

---

[13] http://www.mindesthaltbarkeitsdatum.de/haltbarkeit-von-lebensmittel/

Unterschied zwischen Mindesthaltbarkeitsdatum und Verbrauchsdatum

Das Mindesthaltbarkeitsdatum hat im Namen bereits die Quintessenz, die jedoch zahlreiche Bürger ignorieren: Die Lebensmittel sind bis zu diesem Datum **mindestens** haltbar. Nicht zwingend sind die Lebensmittel nach diesem Datum verdorben oder gesundheitsgefährdend. Sogar Supermärkte dürfen abgelaufene Ware noch verkaufen, sofern diese als solche ausgeschildert wird. Sie ist dann zu einem reduzierten Preis erhältlich. Viele Lebensmittel mit einem abgelaufenen Mindesthaltbarkeitsdatum gehen an die Tafel, wo sie hilfsbedürftigen Personen in einer schlechten finanziellen Situation kostenfrei zur Verfügung gestellt werden. Somit müssen Sie nicht sofort nach dem Ablaufen des Mindesthaltbarkeitsdatums die Ware wegwerfen. Vielmehr können Sie noch vor Ablauf der Lebensmittel alles dafür tun, dass deren Haltbarkeit um einiges verlängert wird. Was genau Sie für eine Optimierung der Haltbarkeit machen können, erfahren Sie im nächsten Abschnitt. Hier wurde zunächst nur die Bedeutung des Wortes Mindesthaltbarkeitsdatum erklärt. Ebenso wird dies nun für das Verbrauchsdatum getan.

Das Verbrauchsdatum ist das, was viele Menschen für das Mindesthaltbarkeitsdatum halten. Bei Überschreiten des Verbrauchsdatums ist es klar notwendig, die betroffenen Lebensmittel wegzuwerfen! Geregelt und begründet wird dies in § 7a LMKV (Lebensmittelkennzeichnungsverordnung)[14]. Die wichtigsten Aussagen dieses Paragrafen in einer Zusammenfassung:

---

[14] https://www.steuernetz.de/gesetze/lmkv/7a

> ➤ Lebensmittel, die mikrobiologisch leicht verderblich sind und nach Ablauf ein Risiko für die menschliche Gesundheit darstellen könnten, sind anstelle des Mindesthaltbarkeitsdatums mit einem Verbrauchsdatum zu versehen.
> ➤ Die Kennzeichnung erfolgt mit dem Hinweis „verbrauchen bis...".
> ➤ Dem Verbrauchsdatum müssen die einzuhaltenden Aufbewahrungsbedingungen hinzugefügt werden.

Grund für diese strenge Regelung ist die leichte Verderblichkeit der genannten Lebensmittel, die zur Entstehung von Keimen führen kann. Da Keime eine unmittelbare Bedrohung für die menschliche Gesundheit sind, ergeben sich diese Sicherheitsvorkehrungen. Lebensmittel, die mit einem Verbrauchsdatum angegeben werden müssen, sind Räucherfisch, frische Fleisch- und Geflügelprodukte, Hackfleisch sowie rohe Hackfleischerzeugnisse, vorgeschnittene Salate, Feinkostsalate und frische Rohmilch[15].

Da bei Lebensmitteln mit Verbrauchsdatum keine Aufbewahrungsratschläge existieren, die die Haltbarkeit über die wenigen Tage hinauszögern könnten, ist ein kluges Einkaufsverhalten erforderlich. Diesbezüglich lernen Sie einiges im Unterkapitel über die Erstellung von Einkaufslisten.

Sie lernen, dass das Verbrauchsdatum das einzige Datum ist, zu dem die Lebensmittel wirklich weggeworfen werden sollten, sofern Sie noch nicht konsumiert wurden. Es empfiehlt sich daher immer, nach dem Einkaufen die Lebensmittel mit Verbrauchsdatum auf dem Speiseplan vorzuziehen. Beim Mindesthaltbarkeitsdatum allerdings handelt es sich nur um die Angabe eines Mindestzeitpunktes, zu dem die Lebensmittel halten. Oft sind sie mehrere Wochen nach Ablauf des Mindesthaltbarkeitsdatums in vollem Umfang

---

[15] http://www.mindesthaltbarkeitsdatum.de/verbrauchsdatum/

genießbar und der Gesundheit zuträglich. Es existieren Möglichkeiten, die Haltbarkeit zu optimieren.

Haltbarkeitszeiten von Lebensmitteln und Verlängerung der Haltbarkeit

Die Haltbarkeitszeiten werden bei verpackten Lebensmitteln angegeben. Frische, unverpackte Lebensmittel hingegen werden ohne Mindesthaltbarkeitsdatum verkauft. Im Folgenden werden Lebensmittelgruppen aufgeführt und zu deren Aufbewahrung Ratschläge gegeben. Bei Befolgung der Ratschläge wird die Wahrscheinlichkeit erhöht, dass die Lebensmittel noch über das Mindesthaltbarkeitsdatum hinaus haltbar sind.

Brot und Brötchen

> Nicht im Kühlschrank lagern
> In Ton- und Steingutbehältern lagern und die Behälter regelmäßig mit Essig auswischen
> Brot mit der Schnittfläche nach unten lagern, da dies den Austrocknungsprozess hinauszögert
> Möglichst bei Zimmertemperatur lagern
> Bei abgepacktem Brot und Brötchen: Möglichst lange luftdicht verschlossen lassen

Getreideerzeugnisse

> Hierzu gehören Nudeln, Reis, Mehl, Müsli und Cornflakes
> Stets trocken lagern
> Mehl kühl und dunkel lagern
> Müsli und Haferflocken in Behältern verschließen, sodass sie dicht abgeschirmt sind

Getränke

- ➤ Dunkel und kühl lagern
- ➤ Nach Öffnen zügig aufbrauchen

Milch und Milchprodukte

- ➤ Dunkel und im Kühlschrank lagern
- ➤ Bei Käse: keine luftdichte Verpackung
- ➤ Butter möglichst in spezieller Dose aus Porzellan oder Kunststoff aufbewahren

Obst und Gemüse

- ➤ Einheimische Sorten im Kühlschrank lagern
- ➤ Südfrüchte bei Zimmertemperatur aufbewahren
- ➤ Äpfel und Tomaten getrennt von anderen Obst- und Gemüsesorten lagern

Quelle: mindesthaltbarkeitsdatum.de[16]

Hinweis!

Ethylen ist ein Hormon von Pflanzen. Es kontrolliert den Reifungsprozess und fördert diesen[17]. Äpfel und Tomaten sind für eine besonders starke Ausströmung des Gases bekannt. Durch eine Lagerung bei anderen Obst- und Gemüsesorten wird deren Reifungsprozess beschleunigt, sodass auch Fäulnis schneller eintritt. Aus diesem Grund sind Äpfel und Tomaten immer getrennt von anderen Früchten zu lagern.

---

[16] http://www.mindesthaltbarkeitsdatum.de/haltbarkeit-von-lebensmittel/
[17] https://www.abendblatt.de/ratgeber/wissen/article106505706/Wieso-wird-Obst-schneller-faul-wenn-ein-Apfel-dabeiliegt.html

Werden diese Ratschläge insgesamt befolgt, dann tun Sie Ihr Bestes, um eine möglichst langanhaltende Haltbarkeit der genannten Lebensmittel sicherzustellen. Sie werden im weiteren Verlauf dieses Unterkapitels einiges über das Verfassen von Einkaufslisten erfahren. Dabei wird Ihnen wöchentlich ein Einkauf empfohlen. Mit den soeben genannten Ratschlägen sind die Lebensmittel für eine Woche optimal aufbewahrt.

Alles in allem sparen Sie durch die richtige Aufbewahrung der Lebensmittel ein unnötiges Wegwerfen der Lebensmittel ein. So müssen Sie nicht nochmals einkaufen, um an frische Lebensmittel zu gelangen. Es stehen 81,6 kg Ersparnis pro Jahr in Aussicht. Dies sind insgesamt mehrere Hundert Euro, wenn man von einem ausgewogenen Einkauf verschiedener Lebensmittel ausgeht – eine beachtliche Ersparnis!

Beispiel-Ersparnis durch die optimale Lagerung von Lebensmitteln

200 € pro Jahr!

Einige Personen werden sich womöglich fragen, wieso sie überhaupt frisches Essen kaufen sollten. Schließlich sind doch Fast Food und Fertiggerichte noch günstiger. Stimmt das, oder nicht? Wir beleuchten diesen Aspekt und loten aus, ob Sie an Fast Food und Fertigessen wirklich sparen.

Fast Food und Fertiggerichte sind ganz sicher nicht günstig, sondern teuer!

Das Gerücht, Fast Food und Fertiggerichte seien günstig, überrascht immer wieder aufs Neue. Denn einer genauen Tatsachenüberprüfung hält diese Behauptung bei Weitem nicht Stand. Insbesondere, was das Fast Food angeht, zeigt sich in einem Vergleich mit selbst gekochter und frisch zubereiteter Nahrung ein erstaunliches Ergebnis. Ehe wir in den direkten Vergleich gehen, rufen wir uns noch einen anderen wichtigen Punkt vor Augen: Gesundheitliche Aspekte. Fast Food und Fertiggerichte enthalten einen hohen Anteil an Zucker und sogenannten Transfettsäuren. Letztere haben keinerlei Mehrwert für die Gesundheit, bergen aber die Gefahr von Arterienverkalkungen und Durchblutungsstörungen, die zu ernsten gesundheitlichen Problemen führen können. Zucker wiederum ist in den vergangenen Jahren medial immer stärker in den Mittelpunkt gerückt, da er in Verbindung mit zahlreichen Erkrankungen gebracht wird, in deren Kontext er zuvor nicht bekannt war. Allem voran ist das Problem, dass Zucker leere Kalorien enthält, die den Körper nicht sättigen oder nähren. Er gelangt direkt ins Blut und treibt den Blutzuckerspiegel in die Höhe. Nach der Einlagerung als Fett fällt der Blutzuckerspiegel schnell wieder ab, sodass erneuter Hunger aufkommt. Zucker ist unter Umständen ein noch ausschlaggebenderer Faktor für Fettleibigkeit als das Fett selbst. Dieses ist, sofern ungesättigte Fettsäuren vorliegen, für die Gesundheit sogar vorteilhaft. Fast Food und Fertiggerichte aber liefern alles, was ungesund ist – und dies sogar zu einem unfairen Preis!

Fast Food gegen selbstgemacht – der direkte Kostenvergleich

Gehen wir vom einfachsten Beispiel auf der Seite des Fast Foods aus und nehmen an, dass eine vierköpfige Familie ein Menü bei McDonalds wählt. Da die meisten Menüs bei 7,89 € liegen[18] (Stand: Januar 2020), kalkulieren wir mit exakt dieser Summe pro Kopf:

$$4\ Personen \times 7,89\ \frac{€}{Person} = 31,56\ €$$

---

[18] https://foodpreise.de/mcdonalds/

24

Damit ist das McDonalds-Mahl für die Familie beendet. Es wären noch die Anfahrtskosten zu kalkulieren. Diese fallen höher aus als die beim Einkaufen für zuhause, da für zuhause für die gesamte Woche eingekauft werden kann, während dies bei McDonalds nicht der Fall ist. Da aber zuhause mit dem Stromverbrauch ebenfalls ein vakanter Posten vorhanden ist, klammern wir diese Aspekte aus und fokussieren uns rein auf die Lebensmittel an sich.

Hier ergibt sich beim eigenständigen Einkaufen folgendes Bild, wenn wir von einem Couscous-Gericht mit selbstgemachter Sauce ausgehen:

- 1 Packung Couscous (von Orient Spezialitäten; 500 g): 1,59 €
- 1 kg frische Tomaten: 3,99 €
- 100 g frischer Knoblauch: 0,49 €
- 200 g frische Zwiebeln: 1,00 €
- Tomatenmark (von BioBio; 30 g): 0,15 €
- Gemüsebrühe (von Maggi; 10 g): 0,10 €
- Zucker (von Südzucker; 10 g): 0,10 €
- Rapsöl (von ja!; 20 ml): 0,05 €
- Frische Petersilie: 0,79 €
- Frische Minze: 0,79 €

Quelle: supermarktcheck.de[19]

Wer einmal Couscous gegessen hat, der weiß, wie stark das Lebensmittel sättigt. Diese Mengen dürften für zwei Kinder und zwei Erwachsene ausreichen. Blicken wir auf die Kosten insgesamt, was durch eine Addition der genannten Beträge erfolgt: 9,05 €. Schrauben wir das Preislevel um das Doppelte hoch, um Bio-Qualität zu simulieren, dann landen wir bei 18,10 €. Beides ist günstiger als die

---

[19] https://www.supermarktcheck.de/

vier McDonalds-Menüs und qualitativ hochwertiger. Vom gesundheitlichen Mehrwert brauchen wir an dieser Stelle nicht zu reden.

Selbst, wenn sich die geschätzten Mengen als zu gering erweisen sollten, so sind Sie bei einer Aufstockung der Mengen insgesamt dennoch deutlich besser und günstiger bedient als bei McDonalds. Vergleichen Sie den Gesamtpreis von McDonalds, dann unterbieten Sie diesen um mehr als die Hälfte. Auch, wenn Sie Gerichte mit Fleisch oder Fisch – was auf 100 Gramm bekanntlich teurer ist als andere Lebensmittel – zubereiten, dann landen Sie immer noch unter dem Preis von McDonalds. Dies gilt für einen Großteil der Gerichte.

Andere Fast-Food-Ketten schneiden in diesem Vergleich nicht besser ab. Egal, ob es Subway, KFC, Burger King oder andere betrifft. Gehen wir über den reinen Fast-Food-Bereich hinaus, so wird es noch teurer: Das Restaurant sollte dementsprechend für besondere Anlässe ausgesucht werden. Insbesondere Personen, die gut verdienen und es sich finanziell leisten können, jeden Tag im Restaurant essen zu gehen, haben riesige Einsparpotenziale durch die Limitierung der Restaurantbesuche. Lassen sich diese aus geschäftlichen Gründen nicht verhindern, dann werden die Restaurantbesuche beibehalten und die Kosten als Geschäftstreffen steuerlich geltend gemacht. Doch sind häufige Restaurantbesuche entbehrlich, dann gilt es, von ihnen abzusehen.

Schlussendlich gilt, dass selbst eingekauftes und zubereitetes Essen günstiger ist. Diese Regel reicht vom Vergleich mit Fast-Food-Ketten über einen Vergleich mit Restaurants bis hin zum scheinbar bescheidenen Besuch beim Bäcker. Die Kosten bei selbstgemachtem Essen können über 50 % geringer sein als die Kosten für auswärtiges Essen. Rechnet man dies – erneut auf McDonalds Bezug nehmend – auf die vierköpfige Familie hoch und geht nur von einem wöchentlichen McDonalds-Besuch aus, dann ergibt sich eine Preisersparnis von 4x (McDonalds-Menüpreis – Kosten für selbstgemachtes Essen = 31,56 € - 9,05 € = 22,51 €) 22,51 €. Dies sind auf den Monat hochgerechnet knapp 90 € Ersparnis. Diese Zahlen sind pauschal angesetzt, bieten aber ein realistisches Abbild und animieren Sie dazu, lieber selbst zu kochen als auswärtig zu essen.

> **Beispiel-Ersparnis durch die Vermeidung von Fast-Food**
>
> 90 € pro Monat!

Fertiggerichte: Die versprochene günstige Alternative?

Nun gibt es einen Zwischenweg: Fast Food für zuhause. Sie entscheiden sich gegen das Essen auswärts und kaufen stattdessen für zuhause ein Fertiggericht. Wie verhält sich hier die Kostenlage bei einem Vergleich?

Gehen wir von einem Fertiggericht aus, welches Reis, Schnitzel und Rotkraut enthält. In diesem Fall belaufen sich die Kosten auf schätzungsweise 2,79 € pro Portion. Aufgrund der geringen Menge/der kleinen Portion halten sich die Kosten im Vergleich von einem selbst zubereiteten Gericht in dieser Art die Waage. Dies bedeutet, dass Fertiggerichte in der Tat im Vergleich zum Essen auswärts eine Preisersparnis darstellen. Die Kosten sind gleichauf mit denen einer selbstgemachten Mahlzeit. Im weiteren Verlauf ließe sich argumentieren, dass beim Kochen mehr Arbeitszeit aufgewendet wird als beim Erwärmen eines Fertiggerichts. Im Klartext: Das Fertiggericht spart an Arbeitszeit, die in das Geld verdienen investiert werden kann, und stellt dadurch eine noch größere Gesamtersparnis dar. Sehr wohl ist diese Argumentation korrekt. Auf der anderen Seite jedoch weisen Fertiggerichte einen höheren Zukkeranteil auf und sind von geringerem gesundheitlichem Mehrwert als frisch gekochte Speisen. Durch den Zuckeranteil hält die Sättigung nicht lange an, weswegen Sie mehr essen müssen und folglich höhere Ausgaben haben.

Der wichtige Punkt am Ende: Vordergründig mögen Fertiggerichte nach dem Volltreffer bei einem Sparkurs erscheinen, da sie günstig und schnell zubereitet sind. Aber durch den Zuckeranteil treten zwischendurch Heißhungerphasen auf, die dazu animieren, öfter und mehr zu essen. Dies verursacht einen Drang nach Essen, wie er bei selbstgemachten Speisen unwahrscheinlich ist. Also bleiben nach dem Vergleich „Fast Food gegen selbst kochen" auch im Vergleich „Fertiggerichte gegen selbst kochen" alle Trümpfe in der Hand der selbstgemachten Mahlzeiten. Dies ist also der Schlüssel zum weiteren Sparen im Bereich der Lebensmittel: Selbst einkaufen und kochen ist stets vorzuziehen!

Also wird das Essen im Optimalfall selbst zubereitet. Dies kann insgesamt einiges an Chaos bereiten, wenn Zutaten mehrmals vergessen werden. Aus diesem Grund kommt der Dokumentation der gesuchten Lebensmittel eine wichtige Bedeutung zu – Einkaufslisten werden gebraucht!

Einkaufslisten, auf denen wirklich nur das Notwendige steht

Zunächst ist das Führen der Einkaufsliste an sich ein wichtiger Faktor, um Kostenersparnissen den Weg zu eröffnen. Denn wer eine Einkaufsliste führt, kauft bewusster ein und neigt weniger zu Spontaneinkäufen. Zudem wird die Wahrscheinlichkeit für das Vergessen der erforderlichen Zutaten reduziert. Des Weiteren kann kurz- und langfristig beim Einkaufen besser geplant werden. So eröffnen sich Perspektiven, nicht jeden Tag in der Woche Einkaufen fahren zu müssen, sondern mit zwei bis drei Tagen bereits für die komplette Woche optimal versorgt zu sein. Auf diesem Wege lassen sich Sprit und andere Kosten einsparen. Sie stellen all diese Vorteile mit einer praxisorientierten Einkaufsliste sicher.

Schritt #1: Für die komplette Woche planen

Je seltener Sie Einkaufen gehen, umso mehr Zeit und Geld wird gespart. Es darf aber nicht zu lange zwischen den einzelnen Einkaufstagen gewartet werden, da ansonsten einige Lebensmittel verderben. Wo befindet sich eine gesunde zeitliche Mitte?

Bewährt hat sich die Einkaufsliste für eine komplette Woche. Die Speisen sollten so kombiniert werden, dass Fleisch und andere leicht verderbliche Lebensmittel an den ersten zwei bis drei Tagen in den Gerichten verarbeitet werden. Lebensmittel, die länger haltbar sind, lassen sich im Rahmen von Gerichten an den restlichen vier bis fünf Tagen der Woche verwenden, die aufgrund des ausbleibenden Fleisches vegetarisch gestaltet werden.

Wussten Sie schon?

Sich von vornherein auf zwei bis drei Tage Fleischkonsum wöchentlich zu beschränken, geht mit gesundheitlichen Vorteilen einher. Sowohl die DGE (Deutsche Gesellschaft für Ernährung) als auch die WHO (World Health Organisation; zu Deutsch: Weltgesundheitsorganisation) empfehlen einen Fleischkonsum von unterhalb eines Kilogramms und verweisen auf das krebserregende Potenzial des Fleisches[20]. Dies treffe insbesondere auf verarbeitetes Fleisch zu.

---

[20] https://www.verbraucherzentrale.de/wissen/lebensmittel/lebensmittelproduktion/who-verarbeitetes-fleisch-krebserregend-12300

Besteht zwischendurch der Wunsch nach mehr Fleisch, dann ist ein Zukauf möglich. Allerdings ist es wichtig, dass Sie sich vor diesem Zukauf ganz bewusst machen, dass nur das Fleisch nachgekauft wird und Sie Spontankäufe vermeiden.

Bei Drogerieprodukten ist die Einkaufsliste wesentlich einfacher: Da keine Haltbarkeitsgrenzen gegeben sind, können Sie für den gesamten Monat auf Vorrat einkaufen oder – falls Sie keine Kapazität für die Lagerung von Toilettenpapier haben – zusammen mit dem wöchentlichen Einkauf den Bedarf erfassen und Einkäufe tätigen.

Schritt #2: Den verbliebenen Lebensmitteln zuliebe – Inventur durchführen!

Es ist realistisch, dass nach einer Woche Lebensmittel verbleiben. Diese Lebensmittel werden nicht weggeworfen, sondern eingeplant: Verbliebenes Gemüse und Obst nach Möglichkeit kurzfristig, Gewürze wiederum lassen sich über mehrere Monate nutzen. Halten Sie Ordnung in der Küche, um Ihre Inventur vor dem nächsten Wocheneinkauf schnellstmöglich durchzuführen.

Stellen Sie dabei zunächst eine Liste all der Gerichte auf, die Sie im Verlaufe der Woche zu kochen gedenken. Daraufhin schreiben Sie auf Ihrer Einkaufsliste auf die linke Seite sämtliche Zutaten, die bereits in ausreichender Menge vorhanden sind[21]. Auf der rechten Seite notieren Sie alle Zutaten in der Menge, die Ihnen zur Vervollständigung der Gerichte fehlt. Gehen Sie einkaufen, haben Sie also nur die notwendigen Zutaten auf der Einkaufsliste und kaufen nicht doppelt ein.

---

[21] https://www.hallo-eltern.de/lifestyle/einkaufsplanung/

Hinweis!

Eine klare Absprache ist unter mehreren Personen in einem Haushalt notwendig, sofern diese gemeinsam die Einkäufe verantworten. Ist die eine Person beispielsweise beim Bäcker unterwegs gewesen und hat spontan Brot eingekauft, muss die zweite Person darüber informiert werden, ehe sie auf denselben Gedanken kommt. Solche Fehler passieren häufig bei Einkäufen auf den letzten Drücker, wie z. B. vor Feiertagen. Dem weichen Sie aus, wenn Sie gemeinsam mit den anderen Verantwortlichen im Haushalt Einkaufslisten erstellen und die Einkäufe von einer Person oder gemeinsam erledigt werden.

Schritt #3: Für Abwechslung sorgen

Eine Einkaufsliste, die bei der Auswahl der Gerichte und deren Zutaten dem Prinzip der Abwechslung folgt, wird stets eine gesunde und möglichst kostengünstige Auswahl abbilden. Den Erfahrungswerten nach kaufen Personen, die sich einseitig ernähren, häufig teurere Produkte, weil z. B. viel Fleisch gegessen wird. Bleibt das Fleisch allerdings an vier bis fünf Tagen pro Woche liegen, dann werden andere Lebensmittel zu einem Thema, die aufgrund der Abwechslung zugleich weniger finanzielle Belastung einbringen.

Am Ende stellen wir fest, dass eine Einkaufsliste Ordnung bringt. Ordnung erspart überflüssige Ausgaben, optimiert im gleichen Zuge die persönlichen Arbeitsabläufe und verschafft dadurch Zeitersparnisse. Deswegen gilt: Wenn Sie nicht möchten, dass selbst Lebensmittel mit einer hohen Haltbarkeit irgendwann vergammeln oder ein langes ungenutztes Dasein fristen, dann fertigen Sie Einkaufslisten an!

Einkaufslisten sind eine Macht für sich. So verhält es sich insbesondere bei Mehrpersonenhaushalten. Unter Mehrpersonenhaushalte fallen Familien mit Kindern. Durch die frühzeitige Einbindung von Kindern in den Prozess des Einkaufens und Kochens ergeben sich Möglichkeiten für eine nachhaltige Ausrichtung der gesamten

Familie. Je mehr Personen an einem Strang ziehen, umso größer sind die Ersparnisse…

Bei Familien mit Kindern: Frühe Aufklärung und gegenseitige Unterstützung

Familien mit Kindern profitieren von einer frühzeitigen Aufklärung ihrer Kinder. Diese Aufklärung dient gar nicht dem Zweck, bei Kindern in jungem Alter zu häufige Einkäufe zu verhindern. Vielmehr geht es darum, die Weichen dafür zu stellen, dass die Kinder im Jugendlichen- und Erwachsenenalter vernünftige Entscheidungen bei Einkäufen treffen. Sie dürfen sich dies wie folgt vorstellen:

Je jünger das Kind, desto weniger Einfluss hat es tendenziell auf die Auswahl und Zubereitung der Mahlzeiten. Dementsprechend ist das Kind ein seltener Grund, weswegen es zu Einkäufen kommt, die über den Konsum des Haushaltes hinausgehen. Doch ist das Kind im Jugendalter, kann ist dies eher der Fall sein. Entweder es unterstützt beim Kochen oder es wird von den Eltern mit dem Einkaufen betraut. Damit Ihr Kind die Zutaten in der richtigen Menge anwendet, keine kostspieligen Fehler beim Kochen unterlaufen und zudem energiesparend gekocht wird, ist es von Vorteil, wenn Sie Ihr Kind bereits frühestmöglich in die Prozesse rund um Lebensmittelkauf sowie -zubereitung einbinden. Daraus folgen Vorteile, die weit über das Sparen hinausreichen:

➢ Familiärer Zusammenhalt wird gestärkt
➢ Kinder werden selbstständiger
➢ Bewusstsein für gesunde Ernährung nimmt zu

Der familiäre Zusammenhalt wird dahingehend gestärkt, als dass Kinder und Eltern oder zumindest die Kinder mit einem Elternteil zusammen einkaufen und kochen. Dies ist ein aktiver, gemeinschaftlicher und kreativer Zeitvertreib. Wer dabei reden möchte, der darf reden. Ansonsten – falls die Eltern gerade beispielsweise aufgrund der Pubertät einen erschwerten Zugang zu Ihren Kindern haben – lässt sich den Aktivitäten beim Kochen ausgezeichnet ohne Reden nachgehen, indem Musik gehört wird. Irgendwann kommen die Themen von selbst, und inmitten der ruhigen Zeit bricht das Eis des Schweigens und Kinder öffnen sich ihren Eltern.

Ein weiterer Vorzug der frühen Aufklärung rund um den Lebensmittelbereich ist das hohe Maß an Selbstständigkeit bei den Kindern. Werden Kinder nicht bekocht, sondern wird von ihnen eingefordert, dass sie sich bei diesem Prozess beteiligen, dann werden sie dafür sensibilisiert, wie viel Aufwand es erfordert, gewissen Aufgaben im Haushalt nachzukommen. Mit dem Kochprozess an sich erlangen die Kinder Fähigkeiten, die im Erwachsenenleben von Vorteil sind – ob es nun das Bekochen von Gästen ist oder aber das Verzaubern des ersten Dates mit einer himmlischen Speise.

Zu guter Letzt – vorausgesetzt, dass die Familie sich gesund ernährt – nimmt das Bewusstsein der Kinder für gesunde Ernährung zu. Sie erschließen sich Spielräume, im Rahmen des Kochens selbst kreativ zu denken und Lebensmittel individuell zu kombinieren. So erkennen die Kinder, dass gesundes Essen schmecken kann. Sollte bei Ihnen zuhause bisher viel Fast Food gegessen worden sein, dann können Sie das gemeinsame Kochen dazu nutzen, um vom Fast Food Abstand zu gewinnen und gemeinsam in der Familie eine gesunde Ernährung zu etablieren. Dadurch wird der persönliche Geschmack nicht an den Zucker gewöhnt, sondern bleibt in seiner Feinheit erhalten und trägt dazu bei, dass nach einigen Monaten Fast Food gar nicht mehr schmeckt. Es hat eine Umgewöhnung stattgefunden – weg vom teuren Fast Food, hin zum gesunden selbstgemachten Essen.

Wir fassen also zusammen, dass Familien mit Kindern alles richtig machen, wenn Sie die Kinder im frühestmöglichen Alter in den Prozess des Einkaufens und Zubereitens von Speisen einbinden. Dadurch werden einerseits die Kosten gesenkt, da Kinder früh den richtigen Umgang mit Lebensmitteln und das richtige Kaufverhalten lernen, weswegen sie im Jugend- und Erwachsenenalter durch unüberlegte Entscheidungen nicht negativ auf die Haushaltsbilanz einwirken. Andererseits werden Fast Food und Fertiggerichte, die auf lange Sicht nicht satt machen und zu regelrechten Hungerattacken animieren, gemieden.

Zusammenfassung

Die Sparpotenziale im Bereich „Lebensmittel & Drogerie" sind umfangreich. Es beginnt bei den Produkten, die aufgrund von Rabattaktionen und Gutscheinen kostenlos über die Plattformen Sparwelt.de und Einfach-Sparsam.de erhältlich sind. Allem voran mit Sparwelt.de profitieren Sie von Komplett-Einkäufen, die Sie gratis in die Tat umsetzen können. Den vielen kostenlosen Angeboten zum Trotz sind Sie aufgerufen, sich Einkaufslisten zusammenzustellen, um zielgerichtet einzukaufen. Verstehen Sie die Rabatte auf Portalen mehr als eine zusätzliche Stütze, denn frische Lebensmittel finden Sie hier ohnehin nicht. Kaufen Sie also immer zielgerichtet für Ihre Gerichte ein und gehen Sie keine Kompromisse ein. Sie haben gemerkt, dass Sie bereits durch das bloße selbst Kochen im Vergleich zum auswärtigen Essen und zu Fertiggerichten eine Menge Geld einsparen. Nutzen Sie diese Potenziale aus. Binden Sie Kinder früh in die gesamten Prozesse mit ein und sensibilisieren Sie Ihre Kinder bereits im frühen Kindesalter für bewusstes Einkaufen und Essen – sowohl im Sinne der Gesundheit als auch im Sinne des Geldbeutels! Wenn Sie alles so bewerkstelligen, haben Sie im Bereich „Lebensmittel & Drogerie" Sparpotenziale ausgemacht und ausgenutzt.

MODE

Die Möglichkeiten, beim Thema Mode zu sparen, haben einiges mit dem Kapitel über Lebensmittel und Drogerieartikel gemeinsam. Auch für Kleidung und Accessoires existieren Rabatte im Internet. Des Weiteren besteht die Variante, Kleidung selbst zu nähen. All diese Möglichkeiten finden in diesem Kapitel Anklang, wobei ein großes Augenmerk auf die Tricks der Modehändler geworfen wird. Denn ohne dass wir es merken, wird mit der Psyche von uns als Kunden gespielt. Insbesondere im Internet existieren Wege, mit Hilfe derer die Händler uns auf Schritt und Tritt folgen. Sie erinnern uns an nicht abgeschlossene Verkäufe oder verführen uns mit erfundenen Geschichten über glückliche Kunden. Es wird Zeit, diesen falschen Versuchungen ein für alle Mal zu entsagen und einen eigenen Weg zu finden. Durch dieses Kapitel ziehen sich mehrere Ratschläge, die Ihnen Anreize geben, die Psyche zu kontrollieren und das Kaufverhalten rational zu gestalten.

Alternativen zum Kleidungsgeschäft

Wer Mode günstig kaufen möchte, findet mehrere Alternativen zum Kleidungsgeschäft vor. Neben dem bereits bekannten Gebrauchtkauf existieren durch den Kauf im Outlet und Plattformen mit Gutscheinen zwei vielversprechende kostensenkende Optionen. Dem Gebrauchtkauf widmen wir uns in unserer Erörterung zuletzt, da das vordergründige Ziel ist, zu sparen, aber nicht an Qualität einbüßen zu müssen.

Kauf im Outlet

Nahezu jede Person kennt es, aber auffällig wenige Personen machen sich die Mühe, dort vorbeizuschauen und sich günstige Markenware zu sichern: Das Outlet. In Outlets wird die Ware direkt von den Herstellern gekauft. Es handelt sich dabei um Ware, die einerseits qualitative Defizite haben, andererseits aus nicht mehr aktuellen Kollektionen stammen kann. Dies senkt die Preise. Darüber hinaus hat der Hersteller beim Verkauf über das Outlet geringere Kosten. Personen erhalten hier neue Kleidung und müssen nur geringe Einbußen verkraften.

Die Ware im Outlet stammt des Öfteren aus nicht mehr aktuellen Kollektionen. Diese haben beim Zwischenhändler, also dem jeweiligen Geschäft (z. B. Peek & Cloppenburg, H&M), nur geringere Aussichten auf einen Verkauf und werden daher im Outlet beim jeweiligen Hersteller vergünstigt angeboten. Kleidung, die dieses Kriterium erfüllt, hat keine qualitativen Makel und ist als empfehlenswertes Schnäppchen einzustufen.

Den Großteil der Ware im Outlet macht allerdings Kleidung mit qualitativen Defiziten aus. So berichten mehrere Websites im Internet von schlechterer Materialqualität durch Einsatz minderwertiger oder weniger Materialien. Die Websites Wunderweib[22] und cityoutletbadmuenstereifel[23] geben diesbezüglich Auskunft, wobei Wunderweib die Outlets an sich komplett kritisch hinterfragt.

Bei einem weiteren Blick auf die Qualität der Outlet-Kleidung machen sich bei mehreren Produkten kleine Makel bemerkbar:

- ➢ Falscher Nahtverlauf
- ➢ Lose Fäden
- ➢ Abweichungen im Stoff
- ➢ Farbliche Abweichungen

---

[22] https://www.wunderweib.de/outlet-center-deshalb-sind-die-preise-so-guenstig-98771.html
[23] https://www.cityoutletbadmuenstereifel.com/wissenswertes/wieso-guenstige-preise-im-outlet/

Werden bei einem Zwischenhändler im Kleidungsgeschäft Artikel ausgemacht, die Produktionsfehler haben, dann werden sie entweder zum reduzierten Preis angeboten oder aber zum Hersteller zurückgeschickt und im Outlet zum Verkauf gegeben.

Doch wer die Outlets kritisch hinterfragt, sollte sich auch die Frage stellen, wie stark die Makel der Kleidung zu bewerten sind. Denn wenn Makel vorliegen, die sich kaum erkennen lassen, aber der Preis um bis zu 30 oder 40 % reduziert ist, dann ist ein absolut gutes Geschäft gemacht. Es gibt nichts umsonst, auch keine Rabatte. Nahezu alles hat seinen Haken. Wer also mit Mode aus abgelaufenen Kollektionen nicht klarkommen kann und kleine, kaum sichtbare Makel als signifikante Probleme einstuft, der ist bei einem Outlet zugegebenermaßen falsch aufgehoben. Möchten Sie sparen, dann müssen Sie im Outlet Ihre Ansprüche ein Stück weit senken.

Neben Qualitätsmängeln bei einigen Kleidungsstücken und der Tatsache, dass die Kleidungsstücke aus abgelaufenen Kollektionen stammen, fallen die Preise im Outlet deswegen günstiger aus, weil die Hersteller geringere Kosten zu tragen haben. Dies ist einerseits damit begründet, dass bei Outlets der Kauf direkt vom Hersteller erfolgt. Folglich müssen die Hersteller keine Provisionen an Zwischenhändler zahlen und sparen Kosten. Diese Ersparnisse werden an die Kunden weitergegeben. Andererseits hat der Hersteller bei einem Outlet geringere laufende Kosten, da die Outlets nicht in zentralen Lagen liegen und weniger Platz als Kleidungsgeschäfte von Zwischenhändlern bieten. Die Mietkosten sind somit geringer.

Outlets sind eine faire Möglichkeit, bei den Kosten für Kleidung zu sparen. Online lassen sich die Angebote der Outlets über Google direkt finden, ebenso gibt es offline ein umfangreiches Angebot in den Outlets vor Ort. Nicht jedes Kleidungsstück hat Defizite, aber zweifellos müssen die Ansprüche an Aktualität der Kollektion und Qualität der Ware reduziert werden – wenn auch meistens nur minimal.

> **Beispiel-Ersparnis bei Kleidungsausgaben in Höhe von 120 € monatlich:**
>
> 70 € pro Monat!

Plattformen mit Gutscheinen

Wie bereits aus dem ersten Kapitel bekannt, existieren auch für den Kauf in Kleidungsgeschäften Portale mit Gutscheinen. Zwar ist beim Kauf von Kleidung keine Möglichkeit für Gratis-Artikel gegeben, aber zumindest gibt es auf jeden Kauf einige Prozente Rabatt. Möchten Sie in der Summe möglichst viel an Geld sparen, dann ist empfohlen, möglichst selten, aber dafür zahlreich einzukaufen. Dies heißt: Sie können jeden Monat jeweils zwei Mal kleine Einkäufe machen oder aber Sie entscheiden sich dafür, zwei Mal im Jahr mit größeren Beträgen einzukaufen mit dem Ergebnis:

➢ Sie sparen durch einen größeren Einkauf Zeit. Und Sie wissen: Zeit ist Geld.

➢ Der Rabatt macht sich stärker bemerkbar, da Sie eine höhere Summe auf einmal ausgeben und der prozentuale Anteil einen höheren Betrag widerspiegelt.

➢ Durch den hohen Ersparnisbetrag steigt Ihre Motivation.

Insbesondere der letzte Aspekt ist eine wichtige psychische Komponente: Wenn Sie mehrmals kleine Einkäufe tätigen, kommen Sie sich tendenziell kleiner vor. Dies ist ein gedanklicher Vorgang, der sich bei vielen Menschen im Unterbewusstsein abspielt. Bei größeren Einkäufen jedoch kommen Sie sich groß vor: Sie kaufen einmal gefühlt den halben Laden leer, können mehrere Outfits kombinieren bzw. zusammenstellen und nehmen sich ausgiebig Zeit für den Einkauf. Dies ist eine Form von Luxus, die nur wenigen Menschen zuteilwird, weil die meisten Personen kleine Spontaneinkäufe tätigen und im Nachhinein enttäuscht sind, weil entweder die falsche Wahl getroffen wurde oder einfach weniger mitgenommen wird als ursprünglich zu kaufen beabsichtigt war. Ein weiterer Vorteil von ein bis zwei Einkaufstagen für Großeinkäufe im Jahr: Sie vermeiden Spontaneinkäufe und definieren einige wenige, feste Einkaufstage im Jahr. Es lohnt sich also insgesamt absolut, Geld für Kleidung beiseitezulegen und mit dem Ausgeben dieser Summe auf ein oder zwei spezielle Tage im Jahr zu warten. So werden ein überlegtes Kaufverhalten und Ersparnisse gefördert.

Hinzu kommen die Gutscheine von Plattformen, die bei diesen Großeinkäufen große Sparbeträge mit sich bringen. Eine entsprechende Plattform ist beispielsweise prozenthaus24.de[24].

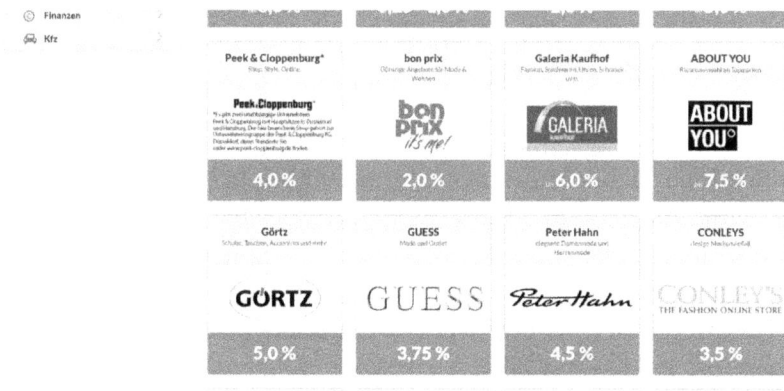

Quelle: prozenthaus24.de[25]

Wie Sie sehen können, sind die Rabatte entweder fest definiert oder liegen innerhalb einer bestimmten Prozentspanne. Nichtsdestotrotz sind Ersparnisse garantiert, und die Gutscheine lohnen sich. Rechnen wir auf einen Kaufpreis von 500 € bei einem Großeinkauf hoch, dann kommt es bei einem Rabatt von 4 % zu einer Ersparnis von 20 €. Prozenthaus24.de bietet die Rabatte in

---

24 https://www.prozenthaus24.de/mode
25 https://www.prozenthaus24.de/mode

verschiedenen Mode-Kategorien an und hat darüber hinaus neben Mode noch weitere Hauptkategorien:

> Wohnen
> Reisen
> Technik/Büro
> Freizeit
> Kids
> Gesundheit
> Finanzen
> Kfz

Es werden durch die Ersparnisse mit Gutscheinen zwar keine Bäume aus der Erde gerissen, dafür erhalten Sie im Gegensatz zu Outlets jedoch Neuware ohne Mängel. Möchten Sie möglichst hohe Qualität haben, dann kaufen Sie mit Gutscheinen bei den führenden Handelsunternehmen ein und sichern sich die kleinen Rabatte, die bei großen Einkäufen durchaus lohnende Ersparnisse einbringen.

Beispiel-Ersparnis bei zwei Großeinkäufen in Höhe von insgesamt 1.500 € im Jahr:

60 €!

Gebrauchtkauf

Für einen zufriedenstellenden Gebrauchtkauf von Mode müssen Sie sich zunächst fragen, was Sie überhaupt kaufen möchten:

> Haben Sie keine Ansprüche an die Kleidung und möchten sich einfach nur bei den Gebrauchtangeboten umsehen?
> Ist Ihr Ziel hochqualitative Mode, die von bekannten Marken stammt?
> Möchten Sie Luxus- und Designermode gebraucht kaufen?

Gesetzt dem Fall, dass Sie sich bisher stets hochwertig bzw. luxuriös zu kleiden bemüht haben, empfiehlt es sich, gewöhnliche Handelsplattformen wie EbayKleinanzeigen zu meiden. Zwar veröffentlichen Personen auch hier Kleidung luxuriöser Designer-Marken zum Verkauf und Sie haben mehrere Filterfunktionen für präzise Suchen, doch lohnt sich der Aufwand unterm Strich nicht. Denn es besteht bei all der Mühe das Risiko von Fälschungen oder unseriösen Verkäufern im Allgemeinen. Bei Versand und Vorausbezahlung ist der Erhalt der Ware ungewiss.

Hinweis!

Bei dem Aspekt „Risiko" soll hinreichend auf die angesagte Shopping-App „Wish" hingewiesen werden: Seit mehreren Jahren gibt es diese App auf dem Markt, die zugleich eine Verkaufsplattform ist. In den sozialen Medien wird Wish vielfach beworben. Dabei stehen Kleidung und andere Waren zu denkbar günstigen Preisen zum Verkauf. Es handelt sich um Neuware, die zudem mit angeblichen Preissenkungen von um die 80 % verkauft wird. Die Angebote sind meistens aus China und die Waren von minderer Qualität. Ein Großteil der Kleidung besteht aus Polyester. Personen, die täglich Polyester tragen, riskieren eine Antimon-Vergiftung, da Antimon als Katalysator bei der Verarbeitung von Polyester genutzt wird. Neben dieser Problematik für die Gesundheit existiert mit den hohen Zollgebühren ein weiterer Aspekt, der einen Kauf von Kleidung über die App Wish und andere ähnliche Anwendungen nicht nahelegt. Ähnliche Anwendungen erkennen Sie an unrealistisch günstigen Angeboten für Neuware.

Seriosität und Sicherheit sind bei dem Kauf gebrauchter Markenkleidung unabdingbare Aspekte. Die Suche nach diesen beiden Aspekten führt uns in das Land, in dem Luxus und Mode großgeschrieben werden: Frankreich. Mit dem französischen Anbieter Vestiaire Collective[26] hat sich auf dem Markt eine Plattform für

---

[26] https://de.vestiairecollective.com/

gebrauchte Luxusmode etabliert, die mit beeindruckenden Konzepten zu überraschen weiß. Denn bevor eine Ware zum Verkauf veröffentlicht wird, wird sie im Hauptquartier von Vestiaire Collective einer Prüfung auf Echtheit und Zustand unterzogen. Die Plattform lässt sich diesen Service einiges kosten, was in den Gebühren deutlich wird: Mindestens 21 € pro Einkauf und 34 % oder 32 % des Kaufpreises bei einem Kaufbetrag zwischen 50 und 100 bzw. über 100 € fallen an Provisionen an. Diese Provision wird allerdings vom Verkaufspreis abgezogen, sodass die Käufer immer die endgültigen Preise sehen. Wir merken also, dass selbst bei gebrauchter Ware Qualität im Luxussegment einiges zu kosten vermag. Dennoch ist der Kauf von Luxus- und Designermode über das Portal Vestiaire Collective bei weitem günstiger als der Kauf derselben Mode als Neuware.

Wussten Sie schon?

Bei Vestiaire Collective gibt es eine Alarmfunktion, im Zuge derer Sie Kleidungsstücke, die Sie gezielt suchen, angeben können. Sobald die von Ihnen gesuchten Kleidungsstücke auf der Plattform zum Verkauf veröffentlicht werden, bekommen Sie eine Benachrichtigung, woraufhin Sie den Artikel kaufen können, bevor Ihnen ein anderer Interessent zuvorkommt.

Eine in Deutschland ansässige Alternative zu Vestiaire Collective ist die Plattform Rebelle[27]. Hier gibt es allerdings nur Mode für Frauen. Interessant ist in diesem Zusammenhang das Feature, dass sich die Kleidungsstile bekannter Influencer und anderer Personen „nachshoppen" lassen.

---

[27] https://www.rebelle.com/

Quelle: rebelle.com[28]

Wer nicht im Luxussegment, sondern bei Kleidung verschiedenster Marken sparen möchte, darf sich auf nahezu allen spezialisierten Portalen über ein großes und angemessenes Angebot freuen:

> Ubup[29]
> Kleiderkreisel[30]
> Mädchenflohmarkt[31]

Ubup gehört dem Ankaufsportal Momox an und bietet einige zuvorkommende sowie inspirierende Funktionen. Zuvorkommend ist z. B. die Möglichkeit einer kostenlosen Rückgabe der Kleidung, falls diese nicht dem eigenen Geschmack entsprechen sollte. Inspirierend ist die Rubrik „Ubup zieht an", in der Sie Beispiele für Kleidungsstile durch andere Käufer vorfinden. Gleiches können auch Sie machen, sobald Sie Ihr Outfit über die Plattform gekauft haben: Foto machen und hochladen, um anderen eine Inspiration zu sein. Alles in allem ist die Plattform eine kleine Community, die mit netten Extras lockt.

---

[28] https://www.rebelle.com/
[29] https://www.ubup.com/
[30] https://www.kleiderkreisel.de/
[31] https://www.maedchenflohmarkt.de/

Der Kleiderkreisel wiederum ist ein sehr bekanntes und beliebtes Portal. Neben dem Kauf sind Tausch und Verkauf eigener Kleidung möglich. Die Bedienung der Website ist einfach, und mit vielen Filterfunktionen lassen sich die Suchen direkt in die richtige Richtung manövrieren. Aufgrund der hohen Nutzerfreundlichkeit ergibt sich eine breite Masse an Nutzern, was bedeutet: Je mehr Nutzer, desto größer ist das Angebot. In der Praxis führte das große Angebot bisher immer zu geringen Preisen für Kleidung, da eine Person die andere unterbietet – für Käufer hohe Ersparnismöglichkeiten!

Mädchenflohmarkt als Plattform ist deswegen interessant, weil der Anbieter Designer- und Luxus-Mode zusammen mit der Kleidung gewöhnlicher Marken anbietet. Manko des Angebots ist, dass lediglich Frauen die Zielgruppe sind. Drei Tage Zeitspanne werden für die Meldung von Problemen nach dem Erhalt der Ware eingeräumt. Nostalgiker finden auf der Plattform hin und wieder Original-Kleidungsstücke aus den 80ern in einem akzeptablen Zustand, was das Angebot umso interessanter ausfallen lässt.

Für den Gebrauchtkauf existieren mehrere Portale im Internet, die weder luxuriösen noch bescheidenen Ansprüchen einen Riegel vorschieben. Die Preisersparnisse variieren mit dem jeweiligen Verkäufer, den individuellen Faktoren, die den Artikel betreffen, sowie der Größe der Plattform. Wer sich für den Gang auf den Flohmarkt nicht zu schade ist, kann dort über das Internet hinausgehende Angebote auskundschaften.

Beispiel-Ersparnis bei Kleidungsausgaben in Höhe von 120 € monatlich:

80 € pro Monat!

Tricks der Modehändler begreifen

Die Modehändler spielen mit der Psyche der Kunden. Dies geschieht auf offensichtlichen und weniger offensichtlichen Wegen. Offensichtlich sind Marketing-Strategien, denen u. a. das Retargeting angehört. Es zielt darauf ab, Kunden mit nicht vervollständigten Einkäufen zu konfrontieren, damit diese sich dazu erweichen lassen, doch noch zu kaufen. Unter die nicht offensichtlichen Marketing-Strategien fallen Angebote, die von großem Entgegenkommen zeugen: Ob es nun Rabatte oder erfundene Geschichten über glückliche Kunden sind …

Retargeting: Kennen Sie den Warenkorb, der Sie verfolgt?

Sie werden noch im nächsten Abschnitt die Marketing-Maschen der Händler näher kennenlernen dürfen. Bereits jetzt soll aber die wohl fieseste Online-Masche genannt werden: Das Retargeting. Durch den Einsatz spezieller Programme und das Tracking zur Analyse der eigenen Website lauern Ihnen die Angebote der Online-Händler auf. Dies kann einerseits direkt im Mail-Account sein, wenn Sie die Zustimmung dafür gegeben haben. Andererseits ist das Retargeting auf anderen Websites durch Bannerwerbung eine häufig vorkommende Marketing-Tätigkeit. Es heißt dann „Vervollständigen Sie jetzt Ihren Einkauf!" oder „Haben Sie Ihren Einkauf vergessen?". Ihre Antwort an Sie selbst lautet im besten Fall: „Nein, danke."

Das ist ein Spiel mit der Psyche, wie es direkter kaum geht. Die Händler versuchen, Sie an das Produkt zu erinnern und die Sehnsucht nach dem Produkt in Ihnen zu wecken. Es funktioniert häufig, da wir Menschen emotionale Wesen sind. Das Spiel mit der Psyche und den Emotionen geht weniger direkt in anderen Bereichen weiter…

Beste Konditionen für größte Versuchungen: Ignorieren Sie die Top-Angebote!

Online sind die vermeintlich lukrativen Angebote für Kleidung und Accessoires häufig eine Verlockung:

- ➢ 98 Tage Rückgabemöglichkeit
- ➢ Gefälschte Bewertungen
- ➢ Storytelling
- ➢ Rabatte

Mit diesen und weiteren Kniffen dringen Modehändler online und in Läden vor Ort tief in die Psyche des Kunden ein. Die verlängerte Rückgabemöglichkeit räumt Ihnen die Chance ein, sich mehr als drei Monate lang von der Qualität eines Kleidungsstücks durchs Tragen zu überzeugen. Sie kaufen mehr ein als normalerweise, und am Ende haben Sie keine Lust, die Kleidung zurückzuschicken. Wer will es Ihnen denn verübeln? Schließlich dauert es eine Ewigkeit, die Kleidung zu verpacken, zu etikettieren und bei der Post abzugeben.

Gefälschte Bewertungen sind im Internet ein enormes Problem. Durch den Kauf von Bewertungen bei Kunden werden haufenweise Fünf-Sterne-Bewertungen bei Amazon und in anderen Shops auf Artikel abgegeben, die qualitativ nicht das halten, was sie versprechen. Lassen Sie sich daher nie von Bewertungen blenden, sondern studieren Sie die Produktdaten und informieren Sie sich online, was die einzelnen Produktdaten im Kontext des Produkts zu bedeuten haben.

Das Storytelling greift vor allem über soziale Medien. Menschen verbringen Zeit in den sozialen Medien, weil sie sich Geschichten aus dem Leben anderer erhoffen. Unternehmen nutzen im Zuge des Social-Media-Marketings diese Tatsache aus und profilieren sich durch Geschichten und Beiträge, die dem Unternehmen eine Persönlichkeit verleihen. Die Geschichten sind meistens nicht wahr. Auch die Geschichten einzelner Influencer sind mit Vorsicht zu genießen. Sie als möglicher Kunde werden folglich mittels Geschichten manipuliert, indem bei Ihnen Emotionen geweckt werden, die ein rationales Urteil beim Kauf erschweren.

Wussten Sie schon?

Mit dem „Storytelling Canvas" existiert ein Modell, von dem Unternehmen bei der Erzählung von Geschichten zum Marketing Gebrauch machen. Die Felder, wie z. B. „Zielgruppe", „zu vermittelnde Werte", „Protagonisten und deren Charakter" sowie weitere dienen allein dem Zweck, eine Geschichte zu erfinden, die direkt Ihre Emotionen anspricht und Sie zum Kauf bewegen soll.

Des Weiteren gibt es Rabatte, die eigentlich keine Rabatte sind: Es wird direkt bei Markveröffentlichung ein Produkt angegeben, bei dem ein höherer Preis durchgestrichen und ein geringerer angegeben ist. Gelegentlich steht, Schwarz auf Weiß, der Rabatt in Prozent da, in dem sich die „Ersparnis" mit verlockenden Zahlen niederschlägt: Von -20 % bis -80 % sind reichlich krasse Lügen feststellbar.

Es wird also durch die Händler mit lukrativen Angeboten kokettiert. Dass einige der Stories wahr sein mögen und nicht alle Rabatte ein Spielchen mit der Psyche der Kunden sind, sollte Sie beim Kauf nicht primär lenken. Kaufen Sie daher nur zu den Zeitpunkten ein, zu denen Sie es sich vorgenommen haben. Hierzu gab Ihnen das erste Unterkapitel dieses Kapitels mit dem Vorschlag von ein bis zwei großen Einkäufen jährlich eine gute Empfehlung, um Spontankäufe zu vermeiden. Ansonsten gibt es zwei Fälle, in denen Rabatte durch die Modehändler ernstzunehmend und für Sie hilfreich sind: Bei den Summer Sales und Winter Sales...

Die Krux an der Saison-Mode: Antizyklisch einkaufen ist die Lösung!

Die Summer Sales und Winter Sales sind für Sie der ideale Zeitpunkt, um sich die gewünschte Kleidung neu und direkt beim Modehändler zu beschaffen. Auch außerhalb des Sales gilt: Möglichst antizyklisch einkaufen!

Antizyklisch einzukaufen bedeutet, beim Kauf der Kleidung nicht innerhalb der jeweiligen Saison zu kaufen, sondern außerhalb der Saison. Modehändler legen für Kleidung genau dann den höchsten Preis fest, wenn sie gebraucht wird. Hot Pants, Sandalen, Badebekleidung, die Sommerkollektionen – alle Artikel, die in dieses Raster hineinrutschen, sind typische Sommermode. Sie werden kurz vor dem Sommer und währenddessen besonders hohe Preise aufweisen. Gleiches gilt für typische Wintermode kurz vor dem Winter und währenddessen. Die Modehändler machen sich dabei eine Schwäche zunutze, die beim Großteil der Menschen mittlerweile natürlich ist: Man kümmert sich nicht lange vor dem Eintritt eines Ereignisses um eine optimale Vorbereitung, sondern erst bei dessen Eintritt oder danach.

Wie wäre es denn, wenn Sie stattdessen beim nächsten Summer Sale anfangen würden, vorausschauend und günstig einzukaufen? In diesem Fall würden Sie in diesem Summer Sale für den nächsten Sommer bereits einkaufen und die Kleidung bis dahin nicht benutzen; will meinen: Sie lagern die Kleidung bis zum nächsten Sommer. Dann ist es so, als hätten Sie die Kleidung neu gekauft. Der einzige Unterschied besteht darin, dass Sie nicht bei dem Wahnsinn der hohen Preise für Saisonmode mitmachen, sondern Ihren eigenen Weg gehen. Gleiches gilt für den Winter: Kaufen Sie im Winter Sale, sobald das Ende des Winters vor der Tür steht. Im nächsten Winter nehmen Sie Ihre neue Kleidung dann in Augenschein: Einfach brillant, welchen Geschmack Sie im Sale bewiesen und wie Sie gespart haben!

Selbst nähen als eine Option

Das selbst Nähen von Kleidung ist der Weg zu den größten Ersparnissen. Es eröffnet zudem Vorteile, die über die bloße Ersparnis hinausgehen: Individualität, hohe Qualität, Kreativität, „Fairtrade" und vieles mehr!

Die Individualität erschließt sich aus der Tatsache, dass Sie ein Kleidungsstück entwerfen können, welches es nirgendwo gibt. Der Markt mit der verfügbaren Mode verleiht Ihnen nämlich nur die Möglichkeit, das zu kaufen, was auch andere kaufen. Zweifellos können Sie Ihre Kleidung individuell zusammenstellen und eigene Outfits Realität werden lassen, doch der Wow-Effekt der kompletten Individualität bleibt aus. Bei selbstgenähter Kleidung können Sie sich dieses Effekts sicher sein; zumal es sich bemerkbar machen wird, dass die Kleidung selbst genäht wurde. Dadurch werden Personen in Ihrem Umfeld beeindruckt sein, dass Sie derartige Fähigkeiten aufweisen. Beim „Fairtrade"-Aspekt profitieren Sie davon, dass keine Kinder in Entwicklungsländern an der Produktion der Kleidung sitzen müssen, sondern dass Sie selbst „faire" Kleidung produzieren. Zwar können Sie Fairtrade-Kleidung einkaufen, aber die Preise sind hoch. Selbst nähen ist die einzige Option, wie Sie an Fairtrade sparen können. Zu guter Letzt die Qualität: Sie entscheiden, welche Materialien in welcher Zusammensetzung Sie für Ihr Kleidungsstück verwenden. So wird hohe Qualität zu einem winzigen Preis möglich. Von einzelnen Wollknäueln, die pro 100 Gramm um die 2 € kosten, bis zu bereits präparierter Bio-Wolle oder Bio-Seide, an der Sie wenig arbeiten müssen. Das einzige, was Sie verschmerzen müssen, ist bei dieser Ersparnis die benötigte Arbeitszeit. Da selbst nähen entspannt und bei Gesprächen, Musik hören oder fernsehen praktiziert werden kann, ist die benötigte Arbeitszeit nicht als negativ einzustufen, sondern als positive Entspannung vom stressigen und schnelllebigen Alltag.

Wer nicht selbst nähen möchte, kann zwar die Kleidung durch einen Profi nähen lassen, aber dies geht mit höheren Kosten als beim Kauf eines Kleidungsstücks einher. Möglicherweise haben Sie aber in der Familie eine Person, die sich etwas dazuverdienen möchte und gegen ein geringes Entgelt näht. Dies ist häufig bei Rentnern und bei talentierten Kindern sowie Jugendlichen der Fall. So gewinnen innerhalb der Familie beide Seiten.

Selbst zu nähen lässt sich mittels vorgefertigter Stoffe relativ zeitsparend gestalten. Ein grundlegender Zeitaufwand ist dennoch nicht zu leugnen, weswegen das selbst Nähen sich nur bei Personen lohnt, die einiges an Freizeit haben, die nicht anderweitig verplant ist.

> **Beispiel-Ersparnis bei Kleidungsausgaben in Höhe von 120 € monatlich:**
>
> 100 € pro Monat!

Zusammenfassung

Es dürfte kein Schock gewesen sein, von den Maschen der Händler zu erfahren, da viele davon bekannt sind. Allerdings vergessen sich die Kunden häufig, da Sie mit Begeisterung auf die gut erfundenen Geschichten im Marketing der Händler sowie die entgegenkommenden Angebote blicken. Halten Sie ab heute kurz inne und überlegen Sie, ob Sie das, was Sie da kaufen möchten, wirklich brauchen. Äußerst hilfreich ist es, wenn Sie sich von vornherein auf ein oder zwei große Einkaufstage im Jahr beschränken. Idealerweise sind es zwei Einkaufstage: Der eine findet während der Summer Sales statt, um Sommerkleidung fürs nächste Jahr günstig abzustauben, der andere wird für die Winter Sales eingeplant, um es mit Winterkleidung fürs nächste Jahr gleichzutun. Holen Sie sich dafür die Gutscheine auf Plattformen im Internet ab, dann stehen maximale Ersparnisse in Aussicht. Sie erhalten neue Kleidung zu besten Preisen. Haben Sie geringere Ansprüche an die Aktualität der Kleidung, dann sind Käufe im Outlet eine weitere Option. Bei Second-Hand-Ware gibt es noch größere Potenziale für Einsparungen. Zu guter Letzt dürfen sich kreative und fleißige Menschen angesprochen fühlen, sich am selbst nähen zu versuchen. Die Palette an Ersparnissen im Modesegment offeriert Möglichkeiten in Hülle und Fülle. Sie müssen nur einen Weg wählen, dann werden Sie sicher sparen!

TECHNIK & LUXUS

Da in heutigen Zeiten die Qualität der technischen Geräte und deren Erscheinungsjahr ein zentraler Gradmesser für den Luxus innerhalb eines Haushalts sind, wird beides – sowohl Technik als auch Luxus als Thema – in einem Kapitel gemeinsam abgehandelt. Der Kauf von Technik ist eine umfassende und langfristigere Investition als der Kauf von Lebensmitteln und Drogerie-Artikeln. Des Weiteren ist der Kauf komplexer als im Falle von Mode, die nur anhand des persönlichen Geschmacks an den Körper angepasst werden muss. Mit den umfassenden und komplizierten Charakteristika von Technik-Artikeln gehen mehrere Stolperfallen beim Kauf einher. Um diese zu beseitigen, wird das Kapitel elementare Hinweise zu Preisvergleichen und zur Prüfung der Qualität von Gebrauchtware geben. Um Personen gerecht zu werden, die ausschließlich hochwertige und teure Neuware kaufen möchten, wird einer Prüfung unterzogen, wie sich durch eine gute Pflege von Technik die Nutzungsdauer verlängern und durch einen möglichst fairen Verkaufspreis ein guter Erlös beim Verkauf nach Nutzung realisieren lässt.

Welche technische Ausstattung brauche ich wirklich?

Heutzutage gibt es mehr technische Ausstattung als das bloße Auge und der Verstand zu erfassen vermögen. Seit der Etablierung des Smart-Homes, des vernetzten und intelligenten Zuhauses, gibt es mehrere technische Produkte, die Ersparnisse versprechen. In diesem Unterkapitel evaluieren wir im Hinblick auf die eventuelle Notwendigkeit den Nutzen bestimmter Geräte für einzelne Zielgruppen.

Ohne Wenn und Aber, definitiv notwendig!

➢ Smartphone
➢ Internet
➢ Musikbox (anstelle des Radios)
➢ Küchenausstattung: Kühlschrank, Herd, Wasserkocher, Ofen
➢ Lampen

Smartphone

Beginnen wir mit dem Smartphone. Dieses ist unverzichtbar, was sich mittlerweile als allgemeingültige Aussage durch immer mehr Berufe, Branchen und Altersgruppen zieht. Kinder erhalten noch vor dem Eintritt ins Jugendalter ein Smartphone. Zwar darf der positive Effekt eines frühen Smartphone-Eigentums auf die Entwicklung des Kindes angezweifelt werden, jedoch haben Eltern durch den permanenten Kontakt zum Kind eine gute Kontrolle über dessen Verbleib und profitieren von GPS-Funktionen, falls das Kind vermisst werden sollte. Erwachsene kommen am Smartphone währenddessen nicht mehr vorbei: Vom beruflichen Kontext aufgrund der Digitalisierung der Arbeitsprozesse bis hin zur Absprache von Terminen und Veranstaltungen innerhalb der Familien- und Freundeskreise. Rentner entdecken im Smartphone allmählich ebenfalls Vorteile, da das Smartphone den Kontakt zur Familie, der mit dem Alter in vielen Kreisen tendenziell abnimmt, wiederherstellt. Der Zugang zur Unterhaltung über das Smartphone ermöglicht einen abwechslungsreichen Zeitvertreib im Alter. Das Smartphone führt sogar zu Ersparnissen, da es mittlerweile andere Geräte ersetzt und die Notwendigkeit anderer Anschaffungen reduziert:

➢ Laptop: Personen, die komplexe Abläufe managen müssen und an einem Endgerät professionelle Arbeit verrichten müssen, sind auf den Laptop angewiesen. Alle anderen sind mit einem Smartphone reichlich bedient: Vom Spielen übers Surfen bis hin zur Kommunikation.

➢ Kamera: Je nach Anspruch an die Qualität einer Kamera, ist das Smartphone mit ausreichender Foto- und Videoqualität der Ersatz für eine separate Kamera. Die neuesten Smartphones performen bei 4K- und 8K-Qualität um Längen besser als günstige Kameras.

➢ Musikplayer: Durch den Anschluss von Kopfhörern – ob mit Kabel oder Bluetooth – wird Musik hören über das Smartphone zu einer denkbar einfachen sowie komfortablen Realität.

➢ Navigationsgeräte: Die meisten Fahrzeuge haben heutzutage Navigationssysteme installiert. Wenn nicht, stellt das Smartphone ein mittlerweile weitaus präziseres und zuverlässigeres Navigationsgerät dar.

Internet

Über die Notwendigkeit des Internets – sowohl bei der Arbeit als auch zuhause – muss nicht weiter diskutiert werden. Das Internet ermöglicht per E-Mails, Skype und Messenger-Dienste nicht nur die Kommunikation über verschiedene Kontinente und Länder, sondern auch die Nutzung des Fernsehens oder von Streaming-Diensten. Es ersetzt potenziell die kostenpflichtigen Telefonate, die Festnetz-Telefonie und das Fernsehen.

Musikbox

Zu guter Letzt die Musikbox: Diese dient als weitaus flexiblerer Ersatz fürs Radio. Heutzutage bringen kleine Boxen von Herstellern wie JBL eine ausreichende Qualität und Leistung mit sich. Kabellos mit dem Smartphone oder dem Fernseher verbunden, optimieren sie den Sound und geben entweder eigene Musik oder die Radio-Kanäle aus. Ein klassisches Radio ist im Funktionsumfang limitierter und lässt sich schlecht transportieren.

Küchenausstattung

Im Bereich der Küchenausstattung ist nahezu alles notwendig, was der Durchschnittsbürger bei sich stehen hat: Vom Kühlschrank über den Herd und Wasserkocher bis zum Ofen. Weitere Ausstattung wie Mixer und Toaster schaffen Sie individuell an. Bei Kühlschrank, Herd und Ofen empfiehlt es sich, auf Smart-Home-Produkte zu setzen. Diese kosten bei der Anschaffung im Schnitt zwar mehr als nicht smarte Produkte, reduzieren in der Folge allerdings die Kosten, was den automatisierten Einstellungen und der Energieeffizienz zu verdanken ist.

Hinweis!

Ob eine Geschirrspülmaschine oder das Spülen per Hand sparsamer ist, richtet sich nach der Art und Weise des Spülens per Hand. Wer das Wasser beim Spülen permanent laufen lässt, wird bei größeren Spülgängen bei der Geschirrspülmaschine günstiger wegkommen. Wird das Waschbecken hingegen einmal gefüllt und dann mit dieser Wassermenge das Geschirr gewaschen, dann ist von Hand spülen günstiger und die kostspielige Anschaffung einer Geschirrspülmaschine unnötig.

Lampen

Lampen lassen sich in zwei Komponenten aufteilen: Dazu gehört einerseits die Glühbirne, andererseits die Halterung, also die Lampe an sich. Wenn möglich, sollte auf eine Glühbirne aufgrund des hohen Energieverbrauchs verzichtet werden. Auch die Lebensdauer einer Glühbirne ist kurzweilig. LEDs und Energiesparlampen sind auf lange Sicht kostengünstiger und langlebiger, nur sorgen die Anschaffungskosten für Ernüchterung[32]. Möchten Sie es kostensparend gestalten, dann empfiehlt es sich, eine LED zu kaufen. Eine kostengünstige Verarbeitung haben beispielsweise Leuchten

---

[32] https://www.ndr.de/ratgeber/verbraucher/LED-und-Energiesparlampe-ersetzen-die-Gluehbirne,leuchtmittel102.html

aus Papier und Pappe, die zu den neuen Wohntrends gehören. Sie finden allem voran in japanischen minimalistischen Einrichtungsstilen Anwendung. Mittlerweile bahnen sie sich einen Weg in die europäische Wohneinrichtung. Der geringere Preis mindert die Qualität keineswegs, da die Lampen durch das warme und diffuse Licht durch die Pappe eine angenehme Atmosphäre mit sich bringen.

Technik, die eventuell notwendig ist

- ➤ Fernseher
- ➤ Beamer
- ➤ Verstärker
- ➤ PC/Laptop
- ➤ Soundsysteme
- ➤ Für Freizeit und Urlaub notwendiges Equipment
- ➤ Beruflich notwendiges Equipment

Fernseher, Beamer, Verstärker

All diese Dinge sind eventuell notwendig. Die Notwendigkeit bemisst sich nach Ihren Ansprüchen an den Freizeitvertreib und die Wohnqualität. Ein Fernseher ist längst kein Muss mehr. Beispielsweise lässt sich der Monitor eines PCs ausgezeichnet als Fernseher nutzen. Alternativ kann über einen Beamer nachgedacht werden, der an einen Verstärker angeschlossen wird und ein Heimkino zur Realität werden lässt. Wer Beamer, Leinwand und Verstärker kauft, kann gut und gern zu einem geringeren Preis ein spektakuläreres Filmerlebnis als auf einem Fernseher erlangen. Wichtig ist für Sparfüchse nur: Entweder – oder! Es gibt keinen Fernseher UND Beamer mit Leinwand, wenn man sparen möchte.

PC/Laptop

Ebenso darf sich die Frage stellen lassen, ob ein Laptop und ein PC beide erforderlich sind. Empfehlenswerter ist es, auf eines der Produkte zu setzen. Wer unterwegs ein leistungsstarkes Endgerät benötigt, wählt am besten einen Laptop. Wem das Smartphone für unterwegs genügt, der kann sich zuhause für einen PC entscheiden.

Soundsysteme

Soundsysteme sind bereits ein Stück weit Luxus. Wer es als integralen Bestandteil der Wohn- und Lebensqualität betrachtet, Musik in Formvollendung zu hören und das Heimkino mit Beschallung von allen Seiten zu gestalten, findet eine Lösung in 2.1- und 5.1-Soundsystemen. Wer sich ein Soundsystem anschafft, sollte von einer Musikbox Abstand nehmen, da deren Notwendigkeit dann entfällt und durch einen Verzicht gespart wird. Zwar ist ein Soundsystem nicht tragbar, doch haben im Freundeskreis meistens andere Personen eine portable Musikbox, sodass für Musik bei jeder Verabredung gesorgt werden kann. Die Anschaffung einer Musikbox erübrigt sich für daheim durch das Vorhandensein eines Soundsystems, das eine größere Qualität aufweist. Über die Endgeräte lassen sich Radio sowie eigene Musik auf dem Soundsystem ohne Probleme abspielen.

Richtig kombinieren und sparen

Die genannte eventuell notwendige technische Ausstattung zeichnet sich dadurch aus, dass definitiv nicht alle Geräte notwendig sind. Wer richtig kombiniert, erspart sich die Anschaffung anderer Geräte. Für eine optimale Kombination der Geräte erhalten Sie die folgende konkrete Hilfestellung:

Kombination	Was überflüssig wird...	Was Sie erhalten...
• Beamer • Verstärker • Laptop • (evtl. Soundsystem)	• Fernseher • PC • (bei Soundsystem: Musikbox)	Sie können arbeiten, Heimkino schauen und erhalten beim optionalen Soundsystem hohe Musikqualität.
• Fernseher • Laptop • (evtl. Soundsystem)	• Beamer • Verstärker • PC • (bei Soundsystem: Musikbox)	Wie in der vorigen Zeile, nur dass Sie auf Beamer und Verstärker zugunsten des Fernsehers verzichten. Bei einem kleineren Fernseher sparen Sie mehrere Hundert Euro.
• PC • (evtl. Soundsystem)	• Fernseher • Beamer • Verstärker • Laptop • (bei Soundsystem: Musikbox)	Der PC lässt sich mit einem großen Monitor zu einem Fernseher umfunktionieren und fürs Arbeiten daheim nutzen. Durch das Soundsystem wird Surround-Sound zur Realität.
• Laptop • (evtl. Soundsystem)	• Fernseher • Beamer • Verstärker • PC • (bei Soundsystem: Musikbox)	Die sparsamste Variante. Falls Sie nur einen Laptop benötigen und sich zufriedengeben, darauf Serien zu schauen, dann sparen Sie im Vergleich zu den anderen Kombinationen unter Umständen sogar 1.000 € oder mehr ein.

Natürlich ist nicht jede Variante gangbar. Die letzte beispielsweise mit einzig und allein dem Laptop (eventuell zusätzlich einem Soundsystem) reduziert die Ansprüche an Unterhaltung auf ein Minimum. Nichtsdestotrotz ist sie für Personen, die beruflich häufig unterwegs sind oder für solche, die kleine Wohnungen haben (z. B. Azubis und Studenten), eine optimale Lösung. Familien finden in den anderen drei Konstellationen gute Lösungen. Letzten Endes ist es nur wichtig, überflüssige Doppelanschaffungen zu verhindern, falls Sie sparen möchten. Dabei sollte Ihnen diese Übersicht helfen.

Wir gelangen zum Resümee, dass die wenigsten der technischen Geräte im Angebot wirklich notwendig sind. Was dennoch zum Kauf verleitet, ist der hohe Nutzen, den jedes Produkt an sich abwirft. Blicken wir genauer auf den Nutzen der Produkte, dann stellt sich heraus, dass allem voran das Smartphone eine Fülle an Geräten zu ersetzen vermag: Wozu MP3-Player, Smartwatches, ein Festnetz-Telefon, eventuell sogar Laptops kaufen, wenn das Smartphone den Großteil der erforderlichen Funktionen bereithält? Schreiben Sie sich gezielt auf, was Sie brauchen, und welche Produkte sowie Kombinationen von Produkten Ihnen das bieten, was Sie wirklich benötigen.

> **Beispiel-Ersparnis durch Verzicht auf überflüssige Geräte:**
>
> 2.000 €!

Gebrauchte Technik sicher kaufen

Der Kauf gebrauchter Technik positioniert sich aufgrund der geringeren Preise als naheliegende Alternative zum Kauf neuer technischer Ausstattung. Ein grundlegendes Risiko lässt sich nicht leugnen und wird vom Privat-Verkäufer bereits auf der Website angegeben: „Keine Garantie, da Privatverkauf."

Umgehen lässt sich das Risiko eines Garantiemangels durch Fachhändler für Gebrauchtwaren. Fans von iPhones finden beispielsweise beim renommierten Händler Veevii[33] eine optimale Alternative zum Neukauf. Die Modelle sind teilweise nicht einmal aus zweiter Hand, sondern von den Läden aussortiert, da es sich um Ausstellungsstücke handelt. Das Team von Veevii prüft die Waren auf Qualität und gewährt Kunden die Wahl zwischen Produkten, die „wie neu" oder „gebraucht" sind. Gebrauchte Artikel befinden sich dennoch in einem guten Zustand und lassen sich die Gebrauchsspuren kaum anmerken:

Quelle: veevii.de[34]

Ein iPhone X in einem neuartigen Zustand kostet bei Veevii rund 700 €, während bei Saturn ein mit Mängeln und als B-Ware gekennzeichnetes iPhone X 779 € kostet. Stand dieser Geldbeträge ist Februar 2020. Veevii spricht eine Garantie von 24 Monaten aus und gibt ein 30-tägiges Widerrufsrecht, falls die Qualität oder andere Merkmale den Kunden nicht zusagen sollten.

---

[33] https://veevii.de/
[34] https://veevii.de/angebot/gebrauchtes-iphone-x/

Da über iPhones hinausgehend ebenfalls Technik existiert, lohnt ein Blick auf drei populäre Plattformen, die eine umfassendere Auswahl an gebrauchter Technik anbieten:

- Asgoodasnew.de[35]: 30 Monate Garantie und 30 Tage Geld-zurück-Garantie
- Rebuy.de[36]: 36 Monate Garantie und 21 Tage Widerrufsrecht
- Smallbug.de[37]: 24 Monate Garantie und 30 Tage Rückgaberecht

---

Hinweis!

Was „Garantie" und „Rückgaberecht" bzw. „Widerrufsrecht" genau bedeutet, muss beim jeweiligen Online-Handelsplatz in Erfahrung gebracht werden. Die Definitionen sind jedem Händler selbst belassen. Alles in allem erweist sich der Kauf bei Fachhändlern für Gebrauchtwaren als sicher und fair. Die Waren sowie deren Zustand und die Garantien überzeugen in umfassenden Vergleichen.

Die Krux am Kauf bei Fachhändlern für Gebrauchtwaren sind die geringen Ersparnisse. Zwar sind 80 € Ersparnis für das iPhone X – den vorigen Vergleich zwischen Veevii und Saturn zugrunde legend – gut und besser als nichts. Bei einem Kauf von Privatverkäufern lassen sich aber größere Ersparnisse realisieren. Hier sind bis zu 200 € Ersparnis für ein fast neuwertiges iPhone X möglich. Sie glauben es nicht? Nun, dann denken Sie wie folgt darüber nach: Wenn es ein Fachhändler für Gebrauchtwaren schafft, gebrauchte technische Ausstattung von Privatverkäufern anzukaufen, zu untersuchen und sogar mit Garantie weiterzuverkaufen, dann müssen sich die Waren von Privatverkäufern denkbar günstig kaufen las-

---

[35] https://asgoodasnew.de/
[36] https://www.rebuy.de/
[37] https://www.smallbug.de/

sen. Genauso ist es auch: Bei Privatverkäufern auf den bekannten Portalen Amazon[38], Ebay[39] sowie EbayKleinanzeigen[40] erwarten Sie die besten Aussichten auf Einsparungen! Die Entscheidung für diesen Weg des Kaufs geht mit größeren Risiken einher. Denn keine Garantie bedeutet schlimmstenfalls, dass Sie ein komplett kaputtes Gerät kaufen, das Sie nicht mehr zurückgeben können. Deswegen sind folgende drei Tipps beim Kauf gebrauchter Technik ausschlaggebend:

- ➤ Äußere Besichtigung
- ➤ Akkuprüfung
- ➤ Bewertungen des Händlers

Eine äußere Besichtigung ist einerseits durch einen Besuch beim Verkäufer möglich. Dazu offeriert EbayKleinanzeigen die besten Möglichkeiten, da sich hier mit dem Verkäufer kommunizieren lässt – was bei Amazon nicht der Fall ist – und der Artikel reserviert werden kann, was bei Ebay aufgrund des Zeitverlaufs bei der Auktion nicht möglich ist. Können Sie aufgrund der großen Distanz nicht vor Ort besichtigen, dann empfiehlt sich ein Videochat mit dem Verkäufer über WhatsApp oder Skype: Arrangieren Sie ein Video-Gespräch mit dem Privatverkäufer für einen bestimmten Zeitpunkt, um sich über Videofunktion das Gerät aus allen Winkeln genau zeigen zu lassen. Kleine Kratzer werden sich auf diesem Wege nicht bemerkbar machen, aber große Schäden, die eventuell auf den Fotos im Inserat verborgen wurden, werden sich offenbaren. Bei großen äußerlichen Schäden fällt das Risiko hoch aus, dass die innen verbaute Technik im Smartphone ebenfalls beschädigt wurde. Neben der Besichtigung des Geräts gelingt Ihnen beim Videogespräch das Kennenlernen des Verkäufers. Unter Umständen

---

[38] https://www.amazon.de/
[39] https://www.ebay.de/
[40] https://www.ebay-kleinanzeigen.de/

erweckt er keine Vertrauenswürdigkeit und Sie entscheiden sich gegen einen Kauf.

Die Akkuprüfung ist vor allem bei den neuesten Geräten wichtig. Smartphones aus den neuesten Generationen bieten keine Möglichkeit zum Akku-Tausch. Sie sind fest verbaut und der Tausch – sofern möglich – wäre vergleichbar mit der Anschaffung eines neuen Smartphones. Jedes Gerät gibt Auskunft über die Ladezyklen und formuliert mit einem Wort den Zustand des Akkus als „gut", „schlecht" oder in anderen Umschreibungen. Lassen Sie vom Verkäufer einen Screenshot von den Infos zur Akkuqualität machen. Ohne Screenshot können die gemachten Angaben falsch sein. Vergewissern Sie sich, dass der Screenshot auch wirklich von dem zu verkaufenden Gerät stammt. Dies tun Sie, indem Sie den Privatverkäufer bitten, nicht nur den Screenshot zu machen, sondern den Bildschirm und das Gerät zusammen zu fotografieren. Wird im Screenshot der Akkuzustand als positiv formuliert, dürfen Sie von einer langfristigen Nutzung des gebrauchten Geräts ausgehen.

Zu guter Letzt empfiehlt es sich, die Bewertungen des Privatverkäufers in Augenschein zu nehmen. Sind diese positiv, dann dürfen Sie auf eine gute Qualität vertrauen. Sowohl Amazon als auch Ebay und EbayKleinanzeigen haben eine Bewertungsfunktion für die Verkäufer. Lesen Sie sich die Texte durch und setzen Sie dies mit der Anzahl an Sternen in Verbindung, um zu evaluieren, inwiefern die Bewertungen berechtigt sind.

Der Kauf gebrauchter Technik ist über Fachhändler am sichersten, was zulasten des Ersparnispotenzials geht. Trauen Sie sich den Kauf bei Privatverkäufern mit den genannten Tipps (äußere Prüfung, Akkuprüfung, Bewertungen des Herstellers) zu, ist dieser Weg zu bevorzugen. Ersparnisse gibt es jedoch immer, wenn Sie gebraucht kaufen. Die Geräte halten bei guter Behandlung in der Regel noch mehrere Jahre, was aber vom Gerät an sich abhängt. Bei Smartphones und Laptops ist bei einem Gebrauchtkauf noch von bis zu zwei

Jahren Nutzung auszugehen, bei größeren Geräten können es bis zu zehn Jahre und darüber hinaus sein.

> **Beispiel-Ersparnis durch Kauf beim Gebraucht-Händler:**
>
> 100 €!

Vergleichsseiten: Zwischen Sein und Schein

Vergleichsseiten können mehr Schein als Sein beinhalten oder Ihnen zu großen Ersparnissen verhelfen. Was davon der Fall ist, bemisst sich an der Qualität der jeweiligen Plattformen. Hochqualitativ sind die führenden Anbieter:

- Idealo.de[41]
- Guenstiger.de[42]
- Billiger.de[43]
- Preisvergleich.check24.de[44]

Diese großen Anbieter liefern Ihnen beim Preisvergleich alles, was Sie brauchen. Das Rad der Zeit muss nicht neu erfunden werden. Sie dürfen getrost bei Google „Preisvergleiche" eingeben und davon ausgehen, dass sämtliche empfohlenen Preisvergleichsportale hochqualitativ sind. Von kleineren Portalen, sogenannten Nischenseiten, ist für Preisvergleiche abzuraten.

---

[41] https://www.idealo.de/
[42] https://www.guenstiger.de/
[43] https://www.billiger.de/
[44] https://preisvergleich.check24.de/

Vergleich zwischen renommierten Vergleichsportalen und Nischenseiten

Quelle: idealo.de[45]

Es wird auf einem der größten Vergleichsportale, nämlich idealo. de, nach SSD-Festplatten gesucht. Die Filter-Funktionen werden nicht genutzt, sodass ein kunterbuntes Angebot angezeigt wird. Gehen wir davon aus, die Samsung 860 Evo 500GB 2.5 würde Ihren Ansprüchen als Kunde entsprechen. Es ist das zweite Suchergebnis, von oben links betrachtet. Die Preise beginnen bei 76,43 €. Bei einem Klick erlangen wir nähere Auskunft:

---

[45] https://www.idealo.de/

Schnäppchen, die Dich auch interessieren könnten

Preisvergleich — Inkl. Versandkosten — Sofort lieferbar — Ohne Rücksendekosten

-50% Angelbird SSD2Go PKT 1TB
ab 190,34 €

-14% Micron 5210 ION 3.84TB
ab 397,95 €

-16% Seagate BarraCuda 510 SSD 500GB
ab 90,48 €

Zu den Angeboten

Top 10 Produkte
interne SSD-Festplatten
1 Samsung 860 Evo 2.5
2 Crucial MX500 2.5
3 Samsung 970 Evo Plus
4 Western Digital Blue SSD 3D 2.5

Samsung MZ-76E500B/EU 860 EVO 500 GB SATA 2,5" Interne SSD Schwarz — **76,43 €** — amazon — ★★★★☆ — Zum Shop

Samsung 860 Evo 500GB SSD MZ-76E500B/EU Festplatte, 2.5 Zoll, intern, SATA III — **79,88 €** — Böttcher AG — ★★★★☆ — Zum Shop

Samsung SSD 860 EVO Series 500GB 2,5zoll V-NAND SATA600 — **79,90 €** — cyberport — ★★★★☆ — Zum Shop

Samsung 860 EVO 500GB inkl. SSD — **79,99 €** — ★★★★☆ — Zum Kauf

Quelle: idealo.de[46]

76,43 € sind das günstigste Angebot. In Relation zum letzten sichtbaren Angebot ergibt sich bereits eine Ersparnis von mehr als 3,50 €. Doch es geht noch deutlicher: Am Ende der gesamten Liste findet sich ein Preis von 145,24 €! Dies ist fast das Doppelte des günstigsten Preises. Da das Angebot von 76,43 € bei dem Besuch des Angebots im Shop ein neues Produkt zu einem vergleichsweise Schnäppchenpreis abbildet, ist die Sache klar: Die Entscheidung fällt auf das Angebot im Amazon-Shop.

Welche Chancen zur Ersparnis bietet eine Nischenseite im Vergleich zum großen Vergleichsportal?

[46] https://www.idealo.de/

Quelle: festplatte.com[47]

„Wie ein unabhängiger Festplatte SSD Test (je nach Produkt haben wir selbst getestet oder lediglich eine Experteneinschätzung vergeben, siehe Überschrift der jeweiligen Produktseite) eindrucksvoll unter Beweis gestellt hat, geht eine sehr gute SSD Festplatte mit deutlichen Vorteilen einher. "

Diesen Satz müssen Sie sich auf der Zunge zergehen lassen und sich fragen: Welche hilfreichen Infos hat Ihnen dieser Satz gebracht? Genau: Gar nichts. Natürlich geht ein „sehr gutes" Produkt „mit deutlichen Vorteilen einher". Und was soll uns die Information in der Klammer sagen? Nichts für den Verbraucher Relevantes jedenfalls!

Die Kenntnis über diesen Satz gibt Rückschlüsse auf die Qualität diverser Nischenseiten. Sie wurden von Online-Marketing-Unternehmen gegen Entgelt für private Nutzer geschaffen. Ein Online-Marketing-Unternehmen verlinkt in der Regel nur Amazon-Produkte, da die Partnerprogramme am einfachsten gestrickt sind und hohe Provisionen anfallen. Sie sparen also nichts. Das Online-Marketing-Unternehmen lässt die Texte, wie Sie sehen konnten, von x-beliebigen Autoren verfassen und mit Keywords ausstopfen,

---

[47] https://www.festplatte.com/ssd-festplatte/

um bei Google hohe Platzierungen zu erhalten. Sie lernen aber nichts. Um die Kosten gering zu halten, nutzt das Online-Marketing-Unternehmen dieselben Vorlagen für die Webseiten. Sie erhalten also keine innovative Aufklärung.

Nischenseiten können nicht empfohlen werden. Sehr wohl mag es Ausnahme-Unternehmer geben, die die Produkte mit Leidenschaft selbst testen und davon Videos veröffentlichen. Sind Sie auf der Suche nach solchen authentischen Tests, lohnt sich insbesondere YouTube als Plattform. Hier finden Sie zu nahezu allen Produkten zumindest einige Tests. Personen, die beruflich umfassende Tests machen, geben ihre Website an, und Sie können über eine Weiterleitung vom YouTube-Profil dieser Personen zu deren Website gelangen. Dies sind ausnahmsweise richtige Nischenseiten, wo die Aussichten auf Ersparnisse bestehen. Besser sind aber zweifelsohne immer die großen Vergleichsplattformen der führenden Anbieter.

Wie funktioniert ein umfassendes Vergleichsportal?

Ein Vergleichsportal ist nach technischen Mechanismen aufgebaut und filtert einerseits Produkte aus dem Internet, andererseits zu diesen Produkten die verfügbaren Angebote bei den verschiedenen Händlern. Einige Vergleichsportale erledigen diesen Vorgang manuell, andere wiederum programmieren eine Software, mit der sich die Listen in den Vergleichen automatisiert füllen lassen. Was auch immer es ist: Sie sparen, da das gesamte Angebot im Internet aufgeführt und verglichen wird. Dadurch besteht kaum eine Möglichkeit, das günstigste Angebot zu verfehlen.

Hinweis!

Beachten Sie bei Ebay und Amazon, dass diese Verkaufsplattformen zwar Preise vergleichen und dies auch unter verschiedenen Händlern tun. Die im Vergleich enthaltenen Händler sind aber nur die, die ihre Produkte über Amazon anbieten. Andere Händler sind ausgeschlossen. Schlussendlich haben die klassischen Vergleichsplattformen, wie die in der vorigen Aufzählung – idealo.de, guenstiger.de, billiger.de und preisvergleich.check24.de – genannten, die umfangreichsten und besten Vergleichsfunktionen.

Mit einem Kauf über Vergleichsplattformen sparen Sie Geld. Es empfiehlt sich, ausschließlich auf typische Vergleichsportale zu setzen, wie es bei idealo.de, billiger.de und guenstiger.de der Fall ist. Kleinere Nischenseiten und Handelsplattformen (z. B. Ebay, Amazon) bieten geringere Aussichten auf Ersparnisse.

Beispiel-Ersparnis durch Vergleiche bei Einkäufen in Höhe von 300 €:

120 €!

Vorgängermodelle: Geringe Einbußen im Vergleich zu Neumodellen

Es vergeht kaum ein Tag, an dem nicht irgendeine Neuerscheinung auf den Bannern an den Straßen, im Internet, im Radio, im Fernseher oder in Einrichtungen beworben wird. Die Produkte sind entweder absolut neuartig oder sie folgen auf einen Vorgänger. In den meisten Fällen werden wir mit Neumodellen zu Vorgängern konfrontiert:

- ➢ Smartphones
- ➢ Fernseher
- ➢ Laptops

➢ Smartwatches
➢ Staubsauger
➢ Tablets

In Zusammenhang damit duellieren sich die Hersteller, was die Neugier der Kunden stimuliert: Bei Smartphones, Laptops, Smartwatches und Tablets ist der Kampf zwischen Microsoft und Apple seit Jahrzehnten prägend, bei Staubsaugern sind es womöglich Dyson und Roborock. Im Zusammenhang mit Fernsehern sind LG und Samsung populär.

Bei all diesen Herstellern und Produkten muss es doch jedes Jahr eine Innovation geben und die Neumodelle müssen wirklich neue Maßstäbe setzen, oder?

Die Antwort ist im Großen und Ganzen negativ. Natürlich verbessert sich die Leistung der Endgeräte und es kommen neue Features hinzu, die zum Teil begeisternd sind. Aber bis die Leistung der Endgeräte wirklich erforderlich wird oder die Features sich nutzen lassen, vergehen einige Jahre. Belegen lässt sich dies an den neuesten iPhones von Apple, die bereit auf das 5G-Netz ausgerichtet sind. Gemäß dem Stand von Februar 2020 ist das 5G-Netz in Deutschland aber unzufriedenstellend ausgebaut[48]. Lange Genehmigungszeiträume für Antennenstandorte und eine geringe Anzahl an bisherigen 5G-Stationen sind Hürden. Wozu also Smartphones mit 5G-Netz? Für den Urlaub in den USA, der maximal über einen kurzen Zeitraum des Jahres erfolgt? Eher nicht.

Vor allem die Nutzung von Anwendungen im Alltag erfordert keineswegs ein neues Modell. Lediglich für die neuesten Spiele fürs Smartphone oder für den Laptop ist es vorteilhaft, über ein neues Modell zu verfügen.

---

[48]   https://www.netzwelt.de/5g/168913_3-5g-deutschland-stand-netzausbaus-ueberblick.html#steht-5g-deutschland

Grundsätzlich ist der Kauf eines neuen Modells entbehrlich. Da das Smartphone der technischen Ausstattung angehört, die nahezu jede Person hat und nutzt, ist bei diesem Produkt das Begehren, das neueste Modell zu haben, groß. Unter Kindern und Jugendlichen wird es sogar als Statussymbol gewertet, bei Erwachsenen in Einzelfällen ebenso. Lassen Sie sich von diesen Argumenten rund um den Status nicht blenden, sondern finden Sie Ihren eigenen Status. Einen, auf dessen Basis Sie Geld klug sparen und sich durch intelligente Ausgaben definieren.

Apple „überentwickelt" seine neuen Produkte, sodass sich die Features kaum nutzen lassen. Samsung wiederum bringt nur geringe Steigerungen von Produkt zu Produkt ein. Was die anderen Produkte auf dem Markt, also auch Fernseher, Laptops und weitere angeht, sind die Steigerungen der Neumodelle gegenüber den Vorgängern kaum nennenswert. Warten Sie am besten auf den Marktstart neuer Modelle und fangen Sie dann an, sich mit den Vorgängern auseinanderzusetzen. Die Vorgänger sind für Sie demzufolge die Neumodelle; recht sparsame Neumodelle obendrein!

Die Ersparnisse beim Kauf von Vorgängermodellen, sobald Neumodelle auf den Markt gebracht werden, liegen bei Produkten in der Preisklasse von knapp 1.000 € bei mindestens 100 €. Die Preisersparnis für Produkte im geringeren Preissegment ist meistens mindestens zweistellig. Definieren Sie Neu neu – mit den leistungsstarken Vorgängern!

Wenn man sich doch mal was Teures gönnt: Das Maximum zum geringsten Preis erhalten

Das Leben wäre laut der Aussage einiger Menschen kein Genuss, wenn man sich nicht mal etwas Teures gönnen würde. Wohlhabende Personen und Geschäftsleute werden zum Teil nicht einmal ansatzweise daran denken, sich mit einem Vorgänger-Modell oder Second-Hand-Ware zufriedenzugeben. Personen, die diese Einstellungen hegen und sich die teuren Neumodelle kaufen, haben im Rahmen ihres Lifestyles durchaus Recht: Andere Menschen – andere Ansprüche! Jeder entscheidet selbst, in welche Richtung er zu gehen gedenkt. Für die Richtung der teuren Neumodelle gibt es zwei Wege, Ersparnisse zu erzielen, die mit einfachen Mechanismen umsetzbar sind.

Langlebigkeit sichern und seltener kaufen müssen

Die Kosten einer Ware definieren sich nicht nur aus den Anschaffungskosten, sondern aus der Lebensdauer eines Geräts. Angenommen, Sie würden das Vorgängermodell eines Smartphones für 600 € kaufen und gegenüber einem Neumodell 300 € sparen. Eine andere Person kauft sich das Neumodell und gibt zunächst 300 € mehr als Sie aus. In den nächsten zwei Jahren nutzt Ihr Smartphone ab und bekommt die ersten Akkuschäden. Sie nutzen es zu häufig für Dinge, die Sie auch an anderen Endgeräten machen könnten: Musik hören, Surfen und Spielen. Der Käufer des Neumodells hört Musik über das Radio und unterwegs über die Smartwatch, surft nur unterwegs auf dem Smartphone und spielt auf dem Notebook hin und wieder. Das Smartphone der Person hält ein Jahr länger. Je länger sich Ihre Umgangsweisen und die der anderen Person fortsetzen, umso wahrscheinlicher wird es, dass die andere Person trotz der permanenten Anschaffung von Neumodellen Sie überholt und insgesamt sparsamer umgeht. Deswegen die folgenden Ratschläge für den Umgang mit Technik:

> ➤ Akkupflege variiert mit Art des Akkus[49]: Bei den häufigen Lithium-Ionen-Akkus sollten Sie den Ladezustand nach einigen Monaten Nutzungsdauer am besten zwischen 30 und 70 % halten. Bei Lithium-Polymer-Akkus den Akku häufig in kleinen Ladezyklen nachladen.
>
> ➤ Geräte nur für die Zwecke nutzen, für die sie wirklich notwendig sind. Wer ein Smartphone hauptsächlich zum Telefonieren nutzt und hin und wieder kurz im Internet nachschaut, hat beste Voraussetzungen für dessen hohe Lebensdauer geschaffen.
>
> ➤ Schutzhüllen für Geräte: Hüllen verhindern viele Schäden, die aus tollpatschigen und an sich kleinen Missgeschicken resultieren können.

Technik mit Geduld und clever verkaufen

Da sich nach wie vor die Ersparnisse nicht nur am Kaufpreis bemessen, kommen wir nach der Lebensdauer zum nächsten Aspekt, der über die Höhe des gesamten Preises entscheidet: Der Verkauf der gebrauchten Ware. Der Preis für Technik wird am besten anhand der folgenden Formel bemessen:

$$(Ankaufspreis - Verkaufspreis) \div Nutzungsdauer\ in\ Monaten = Gesamtpreis$$

Gehen wir erneut von der Person aus, die ihr Smartphone für 900 € kaufte und drei Jahre benutzt hat. Nach drei Jahren Nutzung erlöst die Person beim Verkauf 320 €. Es ergibt sich folgender Gesamtpreis durch das Einsetzen der Zahlen in die Formel:

$$(900\ € - 320\ €) \div 36\ Monate = Gesamtpreis$$

$$580\ € \div 36\ Monate \approx 16{,}11\ €$$

---

[49] https://blog.kaputt.de/lang-lebe-der-akku-tipps-zum-umgang/

Im Gegensatz dazu die Person, die ihr Smartphone zwei Jahre nutzt und für 190 € bei einem Anschaffungspreis von 600 € wiederverkauft:

$$(600 \text{ €} - 190 \text{ €}) \div 24 \; Monate = Gesamtpreis$$

$$410 \text{ €} \div 24 \; Monate \approx 17,08 \text{ €}$$

Ja, am Ende zahlt die Person, die sich das Vorgängermodell gekauft und es nicht maximal gut gepflegt hat, mehr als die Person mit dem Neumodell. Dies bedeutet, nicht nur der Kaufpreis ist wichtig, sondern auch eine angemessene Pflege des Smartphones sicherzustellen und es zu einem fairen Preis zu verkaufen. Doch wie gelingt ein fairer Verkaufspreis?

> ➤ Vergleichen Sie die Angebote anderer im Internet und sehen Sie, in welcher Preisklasse sich Smartphones Ihres Modells und seiner Qualität befinden.
> ➤ Beginnen Sie mit dem Inserieren zum Verkauf bereits einige Monate vor dem Zeitpunkt, zu dem Sie Ihr Smartphone gern verkauft hätten.
> ➤ Durch das vorzeitige Inserieren Ihres Smartphones gewinnen Sie Zeit und können geduldig mehrere Angebote abwarten.
> ➤ Seien Sie clever und setzen Sie sich einen Betrag, bis zu dem Sie sich maximal herunterhandeln lassen. Reagieren Sie bei vergeblichen Verkaufsversuchen nicht frustriert.
> ➤ Sobald Ihre Wunschsumme bei einem potenziellen Käufer zur Debatte steht, wickeln Sie das Geschäft schnell ab, damit der Interessent keine Zeit hat, es sich anders zu überlegen.

Sie werden viele ernüchternde und unter Umständen sogar unverschämte Angebote erhalten. Diese werden in die Richtung gehen, dass Ihnen Personen in knappen Nachrichten und ohne freundliche Begrüßung bis zu 80 % weniger als das, was Sie gerne hätten, bieten werden. Beim Privatverkauf von Technik sind viele An- und Verkäufer unterwegs, die entwürdigende Angebote für Qualitätsware machen. Dieses Problem wird an dieser Stelle mit solch klaren Worten angesprochen, da sich viele Privatverkäufer von den unverschämten Angeboten entmutigen lassen. Seien Sie daher geduldig und clever!

Sichern Sie eine hohe Langlebigkeit der Produkte und verkaufen diese zu einem fairen Preis nach der Nutzungsdauer, dann sparen Sie auf lange Sicht sogar beim Kauf von Neumodellen zwischen 50 und 100 %! Die Spielräume definieren sich anhand Ihres Umgangs mit den Produkten.

> **Beispiel-Ersparnis durch guten Umgang mit den Geräten pro 1.000 €:**
>
> 500 €!

Zusammenfassung

Einen geringen Teil von dem, was Kunden kaufen, benötigen sie wirklich. Ein Großteil der technischen Ausstattung überschneidet sich in seiner Funktion, sodass oftmals der MP3-Player nach anfangs regelmäßiger Nutzung der Multifunktionalität des Smartphones weichen und im Regal verstauben muss. Es empfiehlt sich, jeden Kauf genau zu überdenken. Dies geschieht, indem abgewogen wird, wie sich die einzelne technische Ausstattung untereinander kombinieren lässt. Durch eine Kombination von PC mit großem Monitor und Soundsystem wird durch die Nutzung von Streaming-Diensten beispielsweise der Fernseher für gewöhnlich absolut überflüssig. Kombinieren Sie und kaufen Sie zumindest einzelne Geräte gebraucht oder setzen Sie auf Vorgängermodelle.

Bei Gebrauchtware oder Vorgängermodellen fahren Sie Ersparnisse ein und müssen qualitativ kaum Einbußen verkraften. Sollte Ihnen all das zu pingelig erscheinen und ist aufgrund Ihres Lifestyles ein teures Neumodell notwendig, dann haben Sie die Chance, durch einen optimalen Umgang mit dem Akku und eine durchdachte Nutzung des Geräts die Lebensdauer zu verlängern und auf lange Sicht sogar gegenüber dem Gebrauchtkauf zu sparen.

LAUFENDE VERBINDLICHKEITEN: VERTRÄGE UND ABONNEMENTS

Unter die laufenden Verbindlichkeiten fallen Verträge, die sich nicht vermeiden lassen (z. B. Mietverträge, Versicherungen, Energie und DSL) sowie freiwillige Verträge, denen die Abonnements zugeordnet werden. Während es bei den notwendigen Verträgen darum geht, diese möglichst kostengünstig abzuschließen, stellt sich bei Abonnements die Frage, welche Abonnements überhaupt notwendig sind und welche sich kündigen lassen. Die Ersparnisse bei Abonnements bieten bereits bei etwas Einfallsreichtum, wie beispielsweise bei Nutzung des Accounts durch mehrere Personen und somit Aufteilung der Kosten, viele Spielräume. Bei den Miet-, Versicherungs-, Energie- und DSL-Verträgen ist weniger der Einfallsreichtum als vielmehr professionelle Beratung und etwas eigener Fleiß gefragt – beides können Sie mobilisieren und somit an den größten und am wenigsten vermeidbaren Kostenposten einer jeden Person sparen!

Mietkosten senken

An Mietkosten lässt sich einerseits durch einen Umzug, andererseits durch ein Teilen der Wohnung sparen. Der Umzug ist der Weg, der am wenigsten Erklärung bedarf: Sie reichen die Kündigung fristgerecht ein, suchen drei Monate lang nach einer neuen Wohnung, packen Ihre sieben Sachen und beziehen schließlich eine günstigere Wohnung. Günstigere Wohnungen finden Sie, indem Sie außerhalb der Stadtzentren großer Städte oder in Kleinstädten suchen. Der mittlerweile sogar medial als „Mietwahnsinn" betitelte Anstieg der Mietpreise in den Big Cities Hamburg, Berlin, Köln, Düsseldorf, Stuttgart, München und Frankfurt am Main lässt immer mehr Personen aus dem Zentrum in das Umland ziehen. Oder aber es werden Kleinstädte in naher Lage zu den genannten Großstädten genannt. Der Umzug muss keineswegs zu einer Abwertung der Lebensqualität führen. Denn es lassen sich bereits zu günstigeren Preisen größere Wohnungen oder gar kleinere Häuser mit Garten finanzieren. Zudem ist durch den öffentlichen Nah- und Fernverkehr in der Nähe von Großstädten und innerhalb von Großstädten die Verbindung so ideal, dass Sie selbst ohne Führerschein innerhalb von 30 bis 60 Minuten Ihren ursprünglichen Arbeitsort oder Ihr soziales Umfeld erreichen. Insbesondere Personen, die beruflich örtlich unabhängig agieren können, haben alle Freiräume, die Mietkosten **potenziell um bis zu 70 % zu senken, indem deutschlandweit ein Umzug erwogen wird**. Durch einen Umzug innerhalb einer Großstadt oder in eine Kleinstadt in der Nähe der Großstadt lassen sich immerhin **bei Erhalt der bisherigen Wohnungsgröße sowie Qualität der Wohnung rund 30 % einsparen**.

Neben Ersparnissen bei der Miete ist es denkbar, mittels einer Aufteilung der Wohnung zu sparen oder sogar dazuzuverdienen. Sie teilen die Wohnung entweder durch die Gründung einer WG oder durch die Untervermietung auf. Bei einer WG schalten Sie ein Gesuch im Internet oder bringen Aushänge an öffentlichen Plätzen sowie der Eingangstür zu Ihrer Wohnung an, bei denen Sie angeben, dass die Wohnung einen zusätzlichen WG-Partner sucht. Legen Sie den Preis in Bezug auf den Anteil an der Wohnfläche für den WG-Partner fest. Sie dürfen zudem im Gesuch schreiben, welches Geschlecht und welches Alter Ihr WG-Partner haben sollte. Auch Angaben zur gewünschten beruflichen Situation sind möglich. Durch diese Angaben stellen Sie sicher, dass der WG-Partner und Sie möglichst lange miteinander klarkommen werden. **Potenzielle Ersparnis: Bis zu 50 %!**

Zur Untervermietung benötigen Sie die Erlaubnis des Vermieters im Mietvertrag. Sie vermieten entweder Anteile der Wohnung dauerhaft unter, was vergleichbar mit einer WG ist. Viel lukrativer ist die Vermietung eines oder zweier Zimmer als Ferien- oder Messeunterkunft. Sie haben nichts zu verlieren. Stellen Sie also die Wohnung bei Airbnb.de[50] zur Vermietung ein und warten Sie auf Buchungen. Der Preis pro Zimmer und Nacht variiert mit der Nachfrage. In Zeiträumen von Messen, Festivals und anderen populären Veranstaltungen in der Stadt oder Ihrem Wohnort können Sie den Preis pro Nacht getrost doppelt oder dreifach so hoch ansetzen wie in anderen Zeiträumen. Gehen wir davon aus, Sie zahlen 600 € Kaltmiete in Ihrer Wohnung und haben drei Zimmer. Eines vermieten Sie zu einem Preis von 40 € pro Nacht. Wird zehn Mal im Monat gebucht, dann haben Sie 400 € erwirtschaftet und Ihre Mietkosten um fast 70 % gesenkt.

Hinweis!

Einkünfte aus Vermietung und Verpachtung sind in der Steuererklärung anzugeben und zu versteuern. Mit der Vermietung einhergehende Ausgaben können Sie steuerlich zu Ihren Gunsten geltend machen. Insgesamt ist die Ersparnis nach Steuern nicht das, was sie davor zu sein scheint. Dennoch sinken die Kosten für Miete beträchtlich.

In Big Cities und anderen Großstädten Deutschlands, in Städten mit häufigen Messen und in häufigen Zielen von Reisenden ist es realistisch, dass Sie mit der Vermietung eines Zimmers sogar mehr einnehmen als Sie an Miete zahlen müssen. Bei einer Vermietung zweier Zimmer im Falle einer 4-Zimmer-Wohnung können Sie sogar bei guter Lage in gefragten Städten von deutlichen Gewinnen ausgehen. **Potenzielle Preisersparnis: von 20 % bis 200 % scheint alles denkbar!**

---

[50] https://www.airbnb.de/

Beispiel-GEWINN (!) nach Abzug der Ausgaben bei Untervermietung:

300 € im Monat!

Energiekosten senken

Bei den Energiekosten wird des Öfteren mit attraktiven Boni gelockt. Neben einer Prämie für den Abschluss eines Vertrags erwarten Kunden – je nach Anbieter sowie Angebot – Treueboni und Werbeprämien. Diese Boni lenken meistens von den hohen laufenden Kosten im Vergleich zu anderen Anbietern ab. Sofern Sie aus Rücksicht auf die Boni einen Vertrag abschließen, ist es nur angeraten, einen Vertrag mit Startprämie zu wählen. Denn nur bei einer Startprämie ist die Auszahlung gewiss. Treueboni und Werbeprämien können dadurch verhindert werden, dass Sie vom Sonderkündigungsrecht bei einer Tariferhöhung Gebrauch machen.

Apropos Tariferhöhung: Nicht jeder Stromanbieter gibt sich die Mühe, die Erhöhung eines Tarifs klar zu kennzeichnen. Frank Ochse berichtet in seinem Werk *Wie Sie Geld und Ärger sparen* (2020) von einem Zwischenfall, den er und einer seiner Leser erlebt hatten: Bei Ochse befand sich die Information über eine Preisanhebung beim Tarif mitten zwischen den Zeilen, in denen lauter Informationen standen, die eine Werbung naheliegen ließen. Bei seinem Leser Stefan K. befand sich die Information im Brief nicht einmal klar deklariert als eine Erhöhung des Preises, sodass der Leser selbst in seinen Unterlagen vergleichen musste, ob der frühere Preis aktuell war oder eine Erhöhung stattgefunden hatte[51].

Grundsätzlich ist es nichts Neues, dass die Energieanbieter in der Preisgestaltung tricksen und sich die Preise regelmäßig verändern. Viele Verbraucher sind bestens darüber informiert, dass im Prinzip

---

[51] Ochse, F.: Wie Sie Geld und Ärger sparen, 2020.

von Jahr zu Jahr ein neuer Vergleich der Energiekosten bei sämtlichen Anbietern angebracht ist. Doch die Verbraucher verzichten darauf, die Energieanbieter zu wechseln, weil der Aufwand dafür zu groß ist. Wer informiert ist, wird Wege kennen, den Aufwand zu umgehen!

> ➤ Lassen Sie eine Person die Anbieterwechsel für Sie durchführen, wann auch immer notwendig! Auf Websites wie energie-maklerpool.de[52] finden Sie unabhängige Makler, die sich durch die Provisionen bei Vertragsabschlüssen finanzieren und Ihnen jedes Jahr die günstigsten Konditionen heraussuchen.

> ➤ Holen Sie sich bei der Stiftung Warentest Informationen zu einzelnen Anbietern, ehe Sie einen Vertrag abschließen, um Kundenrezensionen sowie die Erfahrungen des Instituts herauszufinden. Dies hilft Ihnen, den Vertragsabschluss bei schwarzen Schafen mit häufigen Tariferhöhungen zu verhindern.

> ➤ Es existieren Anbieter, unter denen remind.me[53] der populärste ist, die automatisiert immer den besten Tarif heraussuchen und Wechsel für Sie durchführen. Auf diesem Wege bleibt Ihnen sogar der Kontakt zu einem Makler erspart und Sie haben ein denkbar leichtes und gemütliches Spiel.

Gute Stromanbieter sind transparent in der Kostenaufstellung und verlängern einen Vertrag, sofern dieser nicht rechtzeitig gekündigt wird, maximal um ein paar Monate, aber nicht direkt um ein ganzes Jahr. Preisgarantien von mindestens sechs Monaten geben Ihnen Planungssicherheiten. Behalten Sie dies im Hinterkopf, falls Sie die Arbeit nicht durch Makler erledigen lassen, sondern selbst unter den günstigsten Anbietern vergleichen. Demzufolge empfiehlt sich nicht einfach nur der günstigste Anbieter, sondern der

---

[52] https://www.energie-maklerpool.de/startseite.html
[53] https://www.remind.me/

Anbieter, der einen geringen Preis mit fairen Vertragskonditionen kombiniert.

> **Beispiel-Ersparnis bei bisher 150 € monatlich:**
>
> 60 €!

Beim DSL-Anschluss sparen

Beim DSL-Anschluss ist weniger ein Wechsel der Tarife erforderlich als vielmehr eine rationale Entscheidung. Zwar empfehlen einige der Ratgeber zum Thema Sparen, wie beispielsweise das Buch *Geld sparen und clever reich werden* von Christopher M. Klein (2019), einen regelmäßigen Wechsel der DSL-Anbieters, doch ist davon unterm Strich sogar abzuraten. Denn die Dauer zur Bereitstellung eines Anschlusses beträgt mehrere Wochen bis Monate. In ländlicheren und abgelegeneren Gegenden ist davon auszugehen, dass Sie wirklich Monate warten müssen, bis der Anschluss zur Verfügung gestellt wird. In Städten sind es immerhin wenige Wochen Wartezeit. Nach der Kündigung beim einen Anbieter steht es Ihnen also frei, zu einem anderen Anbieter zu wechseln, der unter Umständen fünf Euro monatlich günstiger ist. Dafür müssen Sie aber bis zur Bereitstellung des Anschlusses durch den neuen Anbieter schlimmstenfalls wochenlang ohne Internet auskommen. So weit darf Sparen nicht gehen!

Sparen Sie daher lieber bei dem Abschluss des Vertrags oder – falls Sie bereits einen Anbieter haben – bei der Änderung Ihres Pakets. Diesbezüglich gibt der soeben erwähnte Ratgeber von Christopher M. Klein wiederum gute Ratschläge:

> ➢ Bei der Leistung genau überlegen: Das zentrale Entscheidungskriterium über die Höhe der Preise ist die Leistung. Bereits bis zu 16 Mbit/s genügen fürs Streaming und normales Surfen. Bei mehreren Personen im Haushalt genü-

gen 16 Mbit/s in der Regel ebenfalls, maximal 50 Mbit/s sind nahezulegen.[54]

➤ Auf Zusatzpakete verzichten: Zusatzpakete (z. B. Sicherheitspakete, kostenlose Extras) bringen wenig, aber werden nach Ablauf einer gewissen Zeit meist kostenpflichtig.[55]

➤ Buchen Sie nie direkt beim Anbieter, sondern über ein Portal. Denn die Vermittler von Verträgen erhalten für die Vermittlung eine Provision, die meist in Form eines geringeren Erstbeitrags oder einer Einmalzahlung mit Ihnen geteilt wird.[56]

Die Angaben der Leistung verstehen sich ohnehin nur als ungefähre Angaben. Die Hersteller vermerken es des Öfteren im Kleingedruckten oder fügen eine Fußnote an, in der steht, dass die Leistung als „bis zu" zu bewerten ist. Wird mit 100 Mbit/s geworben, dann sind diese in der Spitze möglich, aber der reelle Wert ist nahezu immer ein anderer. Sie erfahren auf der Website breitbandmessung.de[57] die genaue Leistung Ihres Anschlusses.

In der Annahme eines Anschlusses über 16 Mbit/s statt über 50 oder 100 Mbit/s ergeben sich riesige Einsparpotenziale. Klammern Sie noch dazu die Zusatzpakete aus und entscheiden sich für eine Buchung über ein Vermittlerportal wie check24.de[58] oder verivox. de[59], dann haben Sie das Optimum ausgenutzt.

Beispiel-Ersparnis bei bisher 40 € monatlich:

20 €!

---

54 Klein, Christopher M.: Geld sparen und clever reich werden, 2019.
55 Klein, Christopher M.: Geld sparen und clever reich werden, 2019.
56 Ochse, F.: Wie Sie Geld und Ärger sparen, 2020.
57 https://breitbandmessung.de/
58 https://www.check24.de/
59 https://www.verivox.de/

Welche Versicherungen brauche ich wirklich?

Sie sitzen gerade bei der Allianz, einer der größten Versicherungsgesellschaften in Deutschland. Grund dafür ist Ihr Interesse an einer Privaten Haftpflichtversicherung. Die Private Haftpflichtversicherung ist die häufigste Versicherung Deutschlands. Laut der Fachzeitschrift Capital[60] haben 83 % der deutschen Haushalte eine Private Haftpflichtversicherung. Diese Versicherung greift, wenn Sie Personen oder Sachen beschädigen, und kommt für die Kosten auf. Da es bereits durch üble Zufälle zu Schäden in Millionenhöhe an Sachen oder Menschen kommen kann, ist die Private Haftpflichtversicherung unverzichtbar. Sie sitzen also nun bei der Allianz und freuen sich über einen Vertragsabschluss mit weniger als 10 € monatlichen Kosten. Ein solch geringer Preis ist kein Glückstreffer, sondern im Bereich der Haftpflichtversicherungen ein Normalfall: Großer Schutz zum geringen Preis. Der Vertreter der Allianz möchte seine Provision aber noch aufwerten und erzählt Ihnen eine „bewegende" Geschichte, die er mit einem Kunden erlebt hatte. Dieser Kunde sei im Alter von 30 Jahren durch den Vertreter darauf hingewiesen worden, wie wichtig es sei, fürs Alter vorzusorgen. Der Vertreter hatte gesagt, 100 € monatlich würden genügen, um die künftige Rente angemessen aufzuwerten. Der Kunde sah davon ab. Mit 50 wusste er, dass seine Rente zu gering ausfallen würde. Also sahen sich, dem Vertreter zufolge, auf Initiative des Kunden hin der Vertreter und der Kunde wieder. Der Vertreter rechnete dem Kunden vor, er müsse in seinem mittlerweile höheren Alter 450 € monatlich beiseitelegen, um eine adäquate Rente zu erhalten. Für den Kunden war es zu spät. Mit dieser feinen Geschichte werden Sie überzeugt, einen Altersvorsorgevertrag abzuschließen, der zu 0,8 % fest verzinst ist.

---

[60] https://www.capital.de/geld-versicherungen/die-sieben-haeufigsten-versicherungen-in-deutschland

Sie haben eine Versicherung abgeschlossen, die durchaus sinnvoll sein kann; nämlich einen privaten Altersvorsorgevertrag. Allerdings ist das Produkt absolut unnötig und ein Verlustgeschäft. Denn wie Sie seit der Einleitung wissen dürften, bringen festverzinsliche Sparverträge nach Abzug der Inflation in Zeiten der Niedrigzinsphase nur Verluste ein. Welche Versicherungen notwendig sind, bemisst sich somit aus zwei Fragen: Zum einen der Frage nach dem, was Sie wirklich brauchen, und zum anderen der Frage nach der Qualität des Produkts.

Was Sie wirklich brauchen

> Private Haftpflichtversicherung
> KFZ-Versicherungen (falls Fahrzeug vorhanden)
> Hausratversicherung
> Berufsunfähigkeitsversicherung
> Rechtsschutzversicherung

Hinweis!

Neben diesen empfehlenswerten Versicherungen existieren weitere Versicherungen, zu denen Sie verpflichtet sind. Dieser Gruppe gehören die Kranken- sowie Pflegeversicherung und bei Angestellten sowie einigen Arbeitnehmern die gesetzliche Rentenversicherung an. Bei der Kranken- und Pflegeversicherung haben Sie als Selbstständiger, Student oder Angestellter mit einem Arbeitsentgelt oberhalb der Verpflichtungsgrenze von 57.600 € pro Jahr die Wahl, sich privat zu versichern. Neben den Personen, die zwischen privater und gesetzlicher Kranken- sowie Pflegeversicherung entscheiden können, lohnt es sich sogar, sich als gesetzlich Pflichtversicherter nach privaten Zusatzversicherungen umzusehen. Denn die gesetzliche Versicherung leistet im Bereich Augen und Zähne sowie individuell abhängig in weiteren Segmenten nur dürftig. Wer über eine Zahnzusatzversicherung verfügt, wird sich glücklich schätzen, vorgesorgt zu haben und nicht die vollen vier- bis fünfstelligen Beträge für die Zahn-, Augenoperation oder andere Leistungen zahlen zu müssen.

Die Private Haftpflichtversicherung kostet bei den günstigsten UND leistungsstärksten Anbietern meist zwischen 4 und 8 € monatlich. In Relation dazu, dass die Versicherung bei teuren Schäden Kosten bis in den Millionenbereich übernimmt, sollten alle Haushalte, insbesondere aber die Geringverdiener und wenig vermögenden Personen, eine solche Versicherung abschließen. Gleiche Funktion hat die KFZ-Haftpflicht als eine der KFZ-Versicherungen. Weitere KFZ-Versicherungen, die gegen bestimmte Schäden schützen, sollten gemäß des eigenen Fahrverhaltens und der eigenen Erfahrungen hinter dem Steuer gewählt werden: Bei wenig Fahrerfahrung empfiehlt sich trotz des höheren Preises die ein oder andere Versicherung mehr, da auch Unfälle bei Glatteis aufgrund der geringeren Erfahrung wahrscheinlicher sind. Mit zunehmender Erfahrung können einzelne Bausteine, in denen man kein Gefahrenpotenzial vermutet, aus der Versicherung genommen werden.

Die Hausratversicherung schützt das eigene Inventar bei Schäden und Diebstahl. Sie macht aufgrund des geringeren Preises und der Zuverlässigkeit Sinn. Die Berufsunfähigkeitsversicherung zahlt, falls eine Berufsunfähigkeit eintritt, gemäß dem Ausmaß der Berufsunfähigkeit einen Anteil des bisherigen Gehalts oder das komplette Gehalt. Es ist die mutmaßlich teuerste unter den hier als notwendig vorgestellten Versicherungen, aber sie ist notwendig. Denn der Statistik zufolge sind 27 % der 56- bis 60-jährigen in Deutschland berufsunfähig[61]. Dies kann schon im jungen Alter beginnen. Wer seinen Lebensstandard halten möchte, benötigt eine Versicherung, die zahlt. Zu guter Letzt sei die Rechtsschutzversicherung erwähnt: Nahezu jede Person kommt einmal in eine Situation, in der eine Gerichtsverhandlung ansteht. Will man nicht mehrere Tausend Euro auslegen und für teure Erstberatungen zahlen, dann empfiehlt sich der Abschluss einer Rechtsschutzversicherung, die bis zum Ende der Verhandlung die Kosten stemmt. Wird die Verhandlung verloren, müssen die Kosten zwar erstattet werden, doch bei einer Unschuld ist die Rechtsschutzversicherung ein dankbares finanzielles Polster.

Sie werden bei Abschluss einer oder mehrerer dieser Versicherungen zunächst eine Steigerung Ihrer monatlichen Ausgaben merken. Es kann viele Jahre dauern, bis tatsächlich ein teurer Schadensfall eintritt (im Idealfall tritt er auch gar nicht ein), und bis sich die Kosten gelohnt haben und der Abschluss der Versicherung einen finanziellen Zugewinn darstellt. Sobald der Zeitpunkt gekommen ist, an dem die Versicherung für Kosten aufkommt, die ohne Versicherung Ihre Existenz gefährden würden, werden Sie jedoch froh sein, die Versicherungen abgeschlossen zu haben.

---

[61] https://de.statista.com/themen/251/berufsunfaehigkeit/

Qualität des Produkts sicherstellen

Die Qualität einer Versicherung bzw. eines Vertrags mit den zugehörigen Bestimmungen ist das A und O, um zu bewerten, ob Sie sparen oder für weniger als bei anderen Anbietern mehr bezahlen. Ihnen stehen einerseits unabhängige Versicherungsmakler, wie sie beispielsweise im Internet beim BDVM[62] zu finden sind, andererseits Vergleichsportale zur Verfügung. Zudem existiert eine Zwischenlösung mit den digitalen Maklern:

Quelle: Knip.de[63]

Der Screenshot zeigt den digitalen Makler Knip[64]. Hier lassen Sie sich von Experten beraten, allerdings auf dem beschleunigten digitalen Weg. Der Vorteil einer Beratung durch Experten im Vergleich zur Nutzung von Vergleichsportalen ist immer der, dass Sie eine bedarfsgerechte Anpassung an Ihre Ansprüche und Lebenssituation erhalten. Tarife und Verträge lassen sich durch die Beratung von Profis viel detaillierter als durch die technisch automatisierten Abläufe von Vergleichsportalen durchführen. Deswegen gilt: Vergleichsportale sind besser als blinder Abschluss von Versicherungen

---

[62] https://bdvm.de/de/
[63] https://www.knip.de/
[64] https://www.knip.de/

bei einer Gesellschaft, aber die persönliche Beratung durch eine Vertrauensperson vor Ort oder Makler im Chat ist der Optimalfall.

Entscheiden Sie sich für den Vertragsabschluss auf einem Vergleichsportal oder bei einem Makler, dann ist es wahrscheinlich, dass Sie dieselben Leistungen zu demselben oder einem besseren Preis erhalten. Die Ersparnisse lassen sich kaum quantifizieren, da der monatlich gezahlte Beitrag teilweise derselbe sein kann, aber die Leistung im Schadensfall größer ausfällt. **Als pauschale Schätzung sind 20 bis 50 % Ersparnisse über einen Zeitraum von mehreren Jahrzehnten realistisch.**

Nie mehr unnötige Abonnements abschließen

Einen wesentlichen Anteil an den laufenden Verbindlichkeiten jeder Person haben Abonnements. Da die Abrechnungen monatlich durchgeführt werden und die Preise monatlich angegeben sind, sehen die Kosten gering aus. Gehen wir von dem folgenden beliebten und häufigen Dreifach-Abonnement aus:

- ➢ Netflix: 7,99 €
- ➢ Spotify: 9,99 €
- ➢ Sky: 29,90 €

Die Preise verstehen sich pro Monat und summieren sich zu Jahreskosten in Höhe von 574,56 €. Kaum zu glauben, oder? Die gesamten Verträge zu kündigen, ist für die meisten Personen aber keine Alternative. Dies ist wenig verwunderlich, sind die einzelnen Abonnements schließlich vorteilhaft: Über Spotify lässt sich Musik in hoher Qualität sogar für die Offline-Nutzung downloaden. Netflix wiederum hat sich ein Imperium für Serien aufgebaut und ist allem voran bei der jungen Generation unverzichtbar. Bei Sky kommen die Sport-, Doku- und Filmfans auf ihre Kosten.

Eine Lösung zur Kostensenkung ist die Kündigung nur dann, wenn Sie die Abonnements kaum bis gar nicht nutzen. Nutzen Sie die Dienste, dann sollten Sie diese behalten und über Möglichkeiten zu Kosteneinsparungen nachdenken. Die folgenden Vorschläge geben Ihnen Anreize zur Kostensenkung.

> ➢ Familien- und Mehrpersonenrabatte nutzen: Es existieren Accounts für mehrere Personen, bei denen durch die Gemeinschaftspreise ein geringer Preis pro Person entsteht.
> ➢ Account mit anderen Personen teilen: Durch Nutzung eines gemeinsamen Accounts lassen sich die Kosten gegenüber den Tarifen für mehrere Personen noch weiter senken. Es empfiehlt sich, den Account nur mit Personen zu teilen, denen man vertraut.
> ➢ Kostenlose Probemonate nutzen: Durch die Nutzung kostenloser Probemonate lässt sich immerhin der Preis für den ersten Monat umgehen. Zudem erlaubt dies eine Vergewisserung, ob der Dienst wirklich erforderlich ist.

Bis hierhin stellen wir fest, dass genutzte Abonnements keineswegs gekündigt werden sollten. Diese werden schließlich gebraucht und definieren den Lifestyle sowie die Lebensqualität. Gleiches gilt für Fitnessstudios und die häufig negativ dargestellten Zeitschriftenabonnements. Wer Hochglanz- und Fachzeitschriften abonniert und ein- oder zweimal monatlich erhält und diese auch liest, der schöpft einen Nutzen daraus. Zwar lassen sich die Kosten für Fachzeitschriften durch eine Ausleihe in einer Bibliothek umgehen, aber da nicht jede Person den Gang zur Bibliothek erwägt, machen die Fachzeitschriften in vielerlei Hinsicht Sinn.

Was es zu vermeiden gilt, sind unnötige Abonnements. Sie vermeiden Abonnements, indem Sie diese nicht infolge von Gewinnspielen abschließen. Es kursiert zurzeit ein Trend, bei dem Personen die Aussicht auf einen Gewinn bei einer Lotterie und eine kostenlose

Reise bekommen, wenn sie eine Zeitschrift abonnieren. Diese Gewinnspiele bringen Ihnen in der Regel nur das Abonnement, jedoch keinen Gewinn. Häufig stehen Firmen dahinter, die Sie sogar anrufen und Ihnen sagen, Sie hätten gewonnen. Am Ende müssen Sie vorab Geld überweisen, um den Transport des Gewinns zu finanzieren. Nehmen Sie von Abonnements, die mit Gewinnspielen zusammenhängen, Abstand!

Was die anderen Abonnements angeht, die nicht infolge von Gewinnspielen stattfinden, ist die beste Strategie, wenn Sie sich ein monatliches Budget für Abonnements einräumen, das Sie auf keinen Fall überschreiten werden. Soll ein neues Abonnement dazukommen, darf das Budget trotzdem nicht überschritten werden. Wird es durch das Abonnement überschritten, so müssen Sie einen anderen Dienst deabonnieren oder Ihr Einkommen steigern, um neues Budget freizumachen.

Hinweis!

Richten Sie sich auf dem Smartphone Erinnerungen ein oder tragen Sie in Ihren Kalender ein, wann die Kündigungsfristen bei den Abonnements anstehen. So stellen Sie sicher, dass Sie durch eine rechtzeitige Kündigung ein weiteres Jahr unnötiger Abonnement-Kosten verhindern.

Eine weitere Option, wie Sie bestimmte Dienste nutzen können, ohne speziell dafür zahlen zu müssen, ist an öffentlichen Orten. Wer auf Sport über Sky nicht verzichten möchte, findet in Bars oder in anderen Lokalen eine Möglichkeit zum Public Viewing.

Beispiel-Ersparnis bei bisher 50 € monatlich:

30 €!

Zusammenfassung

Machen Sie sich die Mühe und fangen Sie bei den Posten an, die die kleinsten Veränderungen in Anspruch nehmen: Abonnements. Setzen Sie sich ein klares monatliches Budget, welches Sie unter keinen Umständen überschreiten, und nutzen Sie die Chance, zwischen 50 und 80 % Ihrer monatlichen Abonnement-Gebühren zu reduzieren. Bei einer Nutzung eines Accounts durch mehrere Personen können Sie diese Ersparnis sogar realisieren, wenn Sie keine laufenden Abonnements kündigen. Fahren Sie mit der Kostensenkung bei den DSL-Verträgen weiter fort und markieren Sie sich im Kalender die Frist, zu der Sie den Tarif in einen mit weniger Leistung und weniger Zusatzpaketen wechseln können. Hier sind nochmals bis zu 50 % Einsparungen möglich. Anschließend lassen Sie sich durch Versicherungsmakler und Energieberater im Bereich der Versicherungen und Energieanbieter beraten. Die Erfahrung zeigt, dass mehr Leistung zum selben oder einem geringeren Preis möglich ist. Sichern Sie sich durch die Beratung von Experten die Chance, weitere Prozente zu sparen. Zuletzt können Sie sich an den größten Posten heranwagen, nämlich die Miete. Sollten Sie einen Umzug erwägen, dann führen Sie diesen vor den anderen Maßnahmen durch, um am neuen Wohnort neue Energie- und DLS-Verträge abzuschließen. So holen Sie sich meistens Rabatte ein. Falls Sie nicht umziehen möchten, dann ist die Untervermietung eine lukrative Möglichkeit, bei der Miete die Kosten bis über 50 % zu senken oder sogar Gewinne einzufahren. Ihr Fleiß, die Qualität der Beratung durch kostenlose Vermittler und Ihr Einfallsreichtum bestimmen darüber, in welche Richtung es für Sie geht. Fangen Sie noch heute an, die laufenden Verbindlichkeiten für eine spürbare monatliche finanzielle Entlastung zu reduzieren!

AUTO

In diesem Kapitel gehen wir die Ersparnispotenziale beim eigenen Fahrzeug durch, wobei wir von der Pike auf beginnen: Der Anschaffung. Mittlerweile gibt es eine kaum noch durchzublickende Menge an Anschaffungsmodellen. Zum Barkauf, dem Leasing und der Finanzierung gesellen sich zunehmend alternative Modelle, worunter das Abonnement eines Fahrzeugs fällt. Autos wie Netflix abonnieren? Wir unterziehen alles einer Prüfung und blicken auf Möglichkeiten, zu sparen. Nach dem Erhalt eines Fahrzeugs dreht sich nahezu alles um die Pflege und den Umgang mit einem Fahrzeug. Die Tipps, die in der Fahrschule zur Fahrt mit dem Auto gegeben werden, gibt es nicht umsonst. Sie dienen der Schonung von Verschleißteilen und der Reduktion des Kraftstoffverbrauchs. Falls Sie sich nicht mehr an den optimalen Umgang mit Verschleißteilen erinnern können, wartet auf Sie in diesem Kapitel eine wichtige Wiederholung, um den Umgang mit Ihrem Wagen zu optimieren und die Kosten fürs Tanken zu senken.

Das richtige Anschaffungsmodell: Kauf, Leasing oder Finanzierung?

Soll es der Kauf auf einen Schlag sein? Ist ein Leasing zu bevorzugen, bei dem Sie den Wagen über einen gewissen Zeitraum mieten und danach eine Kaufoption haben? Oder ist eine Finanzierung über einen Kredit angeraten? Zunächst lässt sich keine feste Aussage über ein Anschaffungsmodell treffen. Alles richtet sich nach Ihren Vorlieben und Ansprüchen sowie – natürlich – nach der finanziellen Situation.

Machen wir die rein hypothetische Rechnung:

➤ Sie können einen Alfa Romeo Giulia 952 für rund 37.000 € neu oder um die 30.000 € gebraucht per Barkauf erstehen.

➤ Alternativ sind Finanzierungen möglich: Bei der Finanzierung des Gebrauchtkaufs für 30.000 € über 7 Jahre kommt es am Ende der Kreditlaufzeit zu Kosten in Höhe von rund 32.000 € bei monatlichen Raten von ca. 380 €. Finanzieren Sie einen Neukauf für 37.000 € über den Zeitraum von 7 Jahren, dann läuft es bei monatlichen Raten von knapp 475 € auf eine finanzielle Gesamtbelastung von ca. 40.000 € hinaus.

➤ Des Weiteren ist das Leasing möglich, bei dem Sie über 4 Jahre bei monatlichen Raten von um die 347 € für die Nutzung des Neuwagens aufkommen. Sie haben nach den vier Jahren Ratenzahlungen die Option zum Kauf, wobei ein variabler und sich nach dem Zählerstand richtender Kaufpreis anfällt. Sie zahlen am Ende für den Neuwagen nach dem Leasing immer mehr als bei einem Neukauf; sowohl im Vergleich zu einer Finanzierung als auch im Vergleich zum Barkauf.

Es zeigt sich, dass – rein nach den Gesamtkosten gegangen – der Barkauf günstiger ist. Bei Finanzierungen müssen Sie die Gebühren für den Kredit zahlen, beim Leasing müssen Sie ebenfalls Gebühren zahlen, die in den monatlichen Raten gebunden sind.

Wussten Sie schon?

Neben diesen drei Anschaffungsmodellen versuchen einige Hersteller, wie die Volvo-Tochter Polestar, das Abo-Modell bei Fahrzeugen zu etablieren. Ein Abo-Modell hat für Nutzer zur Folge, dass sie sich nicht um den administrativen Aufwand, Steuern, Versicherungen und Reparaturen sowie Wartungen kümmern müssen, sondern lediglich den monatlichen Abo-Betrag über den Zeitraum der Vertragslaufzeit leisten. Ein Abo-Modell ist das vergleichsweise teuerste Anschaffungsmodell und nur für Personen eine Option, die den administrativen Aufwand hinter dem Kauf und der Haltung eines Fahrzeugs scheuen. Zum Sparen eignet es sich keineswegs.

In die Entscheidung für das richtige der drei Modelle fließt ein, was für ein Typ Sie sind. Haben Sie den Anspruch, regelmäßig ein neues Modell und einen Neuwagen zu fahren? Bei regelmäßigen Fahrzeugwechseln ist das Leasing die beste Option. Sie sparen im Vergleich zum Neukauf, da Sie Ihren Fuhrpark nicht alle zwei Jahre um einen neuen Wagen ergänzen müssen, sondern durch die Vertragslaufzeit alle zwei bis vier Jahre einen neuen Wagen erhalten. Sollte Ihnen einer der Wagen außerordentlich gut gefallen, haben Sie nach Nutzungszeit die Kaufoption für den Wagen.

Ist es Ihnen nicht wichtig, immer ein neues Modell zu haben, sondern streben Sie nach einem funktionierenden Fahrzeug, welches möglichst günstig ausfällt, dann empfehlen sich eine Finanzierung, falls Sie nicht ausreichend finanzielle Mittel für den Barkauf haben, und andernfalls ein Barkauf – diesen Vorgang können Sie sowohl bei einem Neuwagen als auch bei einem Gebrauchtwagen durchführen. Bei Gebrauchtwagenkäufen ist am besten, die Besichtigung mit einer Person durchzuführen, die sich gut mit Fahrzeugen auskennt, um einem eventuellen Betrug durch Händler aus dem Weg zu gehen. Begeben Sie sich allein zum Gebrauchtkauf eines Fahrzeuges, dann nehmen Sie auf die folgenden Aspekte Rücksicht:

➢ Sie werden bei der ersten Besichtigung zum Kauf gedrängt und von der Prüfung des Wagens abgelenkt? Vorsicht! Denn der Verkäufer will eventuell etwas verbergen.

➢ Die Antworten auf Ihre Fragen sind unpräzise und kommen in Floskeln daher? Es ist wahrscheinlich, dass der Verkäufer negative Aussagen zum Fahrzeug vermeiden möchte.

> ➤ Verkäufer und im Fahrzeugbrief eingetragener Eigentümer stimmen nicht überein? Dies kann ein Signal dafür sein, dass das Fahrzeug gestohlen wurde.
> ➤ Es wird auf häufige Reparaturen hingewiesen? Dann ist der Verkäufer wohl ehrlich, aber das Fahrzeug kann besonders reparaturanfällig sein. Von einem Kauf wird abgeraten.

Quelle: Wie Sie Geld und Ärger sparen (2020)[65]

Bestehen Sie auf eine Probefahrt. Bei der Besichtigung gibt es Aspekte, die Interessenten sogar bei mangelnden Kenntnissen über Fahrzeuge beachten können: Gummimanschetten sollten nicht gerissen sein, die Flüssigkeitsstände sollten im grünen Bereich liegen, es sollten keine (erheblichen) Lackunterschiede sichtbar sein, da ansonsten Roststellen verborgen werden könnten.

Schließen Sie den Kauf nur ab, wenn Sie dies guten Gewissens und mit einem ruhigen Gefühl machen können. Böse Befürchtungen bestätigen sich meistens. Haben Sie ein gutes Gefühl nach einer gründlichen Besichtigung und einer Probefahrt, dann liegen Sie meistens richtig.

Pflege und Umgang optimieren

Nach der Anschaffung beginnt das Sparen erst richtig. Durch eine Optimierung der Pflege und des Umgangs mit dem Fahrzeug werden Reparaturen seltener notwendig. Hierfür ist die Kenntnis über Verschleißteile vorteilhaft:

> ➤ Bremsen und Bremsbeläge
> ➤ Abgasanlage
> ➤ Kupplung

---

[65] Ochse, F.: Wie Sie Geld und Ärger sparen, 2020.

> Reifen
> Wischblätter der Scheibenwischer
> Lampen
> Starterbatterie
> Zahnriemen
> Steuerkette

Quelle: welt.de[66]

Bremsen und Bremsbeläge werden geschont, indem vorausschauend gefahren wird. Je häufiger die Bremsen genutzt werden, umso schneller nutzen sie ab. Der Idealfall ist daher ein Ausrollen lassen des Fahrzeugs, anstatt die Bremsen zu betätigen. Wo es sich einrichten lässt, sollten Sie das Fahrzeug langsam zum Stehen bringen. Fördern können Sie ein solches Fahrverhalten durch die Wahl bekannter Routen. Auf bekannten Routen wissen Sie, wann Sie bremsen müssen, und fahren automatisch vorausschauend. Die regelmäßige Wartung der Bremsen und ein Wechsel der Bremsflüssigkeit alle zwei Jahre optimieren die Langlebigkeit der Bremsen ebenfalls.

Die Abgasanlage ist bei einer seltenen Nutzung des Fahrzeugs einem hohen Verschleiß ausgesetzt. Verstärkte Temperaturschwankungen und wechselnde Witterungsbedingungen sind die stärksten negativen Einflüsse auf die Abgasanlage. Ein geschädigter Auspuff weist äußerlich Rostspuren auf und gibt verstärkt laute Klänge von sich, wozu Knallen und Rattern gehören können. Bei diesen Beobachtungen sollte sofort eine Werkstatt aufgesucht werden, um Schäden vorzubeugen und den Auspuff zu reparieren. Denn eine Reparatur fällt günstiger als ein Neukauf samt Montage aus.

---

[66] https://www.welt.de/motor/news/article156102397/Leser-fragen-Experten-antworten.html

Beim Anfahren verlängerte Pedalwege, der Mangel klarer Greif-
punkte der Kupplung und Heulgeräusche des Motors deuten darauf hin, dass die Kupplung abgenutzt ist. Dann ist das Aufsuchen
eines Fachmanns erforderlich. Um es nicht so weit kommen zu
lassen, sollten Sie die Kupplung nicht zu lange schleifen lassen.
Ein weiches und gefühlvolles Kuppeln, bis sich das Fahrzeug in
Bewegung gesetzt hat, läuten das Loslassen der Kupplung ein. Verzichten Sie darauf, zwischen den Schaltvorgängen Gas zu geben.
Unnötige Gangschaltungen sind stets zu vermeiden.

Bei Reifen existiert eine gesetzlich festgeschriebene Profiltiefe, die
sich auf mindestens 1,6 mm belaufen muss. Je häufiger Sie die Reifen auf den vom Hersteller gewünschten Mindestdruck oder sogar
leicht darüber hinaus aufpumpen, umso weniger Sprit wird ver-
braucht und umso effektiver schonen Sie die Reifen.

Hinweis!

Auch wenn es nach einer verlockenden Ersparnis klingt: Reifen sollten nicht gebraucht gekauft werden! Es gibt reichlich Fälle, in denen
die gebrauchten Winterreifen schlechter als die Reifen vom Sommer
sind. Wenn es beim Gebrauchtkauf soweit kommt, gehen Sie erhebli-
che Sicherheitsdefizite ein. Davon sind nicht nur Sie, sondern ebenso
andere Autofahrer betroffen. Grundsätzlich ist bei Reifen ein Wechsel
nach sechs Jahren empfohlen. Bei zehn Jahren Reifenalter ist eine
kritische Grenze erreicht.

Die Wischblätter der Scheibenwischer sollten zwei Mal jährlich ge-
prüft werden. Sie funktionieren dann einwandfrei, wenn der Regen
gut beseitigt wird und die Sicht bei Fahrt selbst bei stärkstem Nie-
derschlag nicht beeinträchtigt ist. Schonen lassen sich die Scheibenwischer durch den Schutz vor UV-Strahlung sowie regelmäßige
Kontrolle und Beseitigung von Insektenrückständen. Allerdings ist
es üblich, dass sie im Vergleich zu den anderen Teilen des Fahrzeugs
am schnellsten verschleißen. Sie liegen glücklicherweise im geringeren Preissegment.

Bei Scheinwerfern und Lampen lässt sich nicht viel machen: Werden sie nur dann genutzt, wenn sie wirklich gebraucht werden, dann tun Sie bereits Ihr Bestes, um diese zu schonen. Dennoch ist es möglich, dass bereits kurz nach dem Kauf eine Lampe kaputtgeht und eine Reparatur erforderlich wird.

Die Starterbatterie des Fahrzeugs wird durch folgende Maßnahmen geschont:

> Im Winter auskuppeln und den Gang rausnehmen, damit der Anlasser sich leichter dreht.
> Im Winter sollte zuerst der Motor zum Laufen gebracht werden.
> Sollte der Stromspeicher schwach sein, empfehlen sich zusätzliche Lade-Geräte.

Halten Sie sich bei Zahnriemen und der Steuerkette strikt an die Angaben der Hersteller. Die beiden Bauteile sind zwar auf einen langen Nutzungszeitraum ausgelegt, aber mit der Zeit werden sie verschleißen. Hersteller sprechen klare Grenzen aus, ab denen sicherheitshalber ein Wechsel erfolgen sollte; beispielsweise nach 150.000 km Laufleistung. Werden diese Grenzen nicht befolgt, dann riskieren Sie schwerwiegende Schäden am Motor. Die mögliche Konsequenz ist, dass Sie ein neues Fahrzeug kaufen müssen.

Zu guter Letzt greifen bei der Pflege des Fahrzeugs dieselben Empfehlungen, die aus der Fahrschule bekannt sein dürften: Austauschintervalle für Zündkerzen und Luftfilter sind einzuhalten. Des Weiteren sind Öl- und Schmierstoffe sowie Bremsflüssigkeiten zu kontrollieren und nachzufüllen.

Sie haben die Wahl: Gar nicht tanken oder günstig tanken?

Da das Betanken des Fahrzeugs eine für Fahrzeughalter regelmäßige Ausgabe ist, wäre ein Verzicht auf diesen Kostenposten optimal. Doch wenn auf das Tanken verzichtet wird, wie soll dann das Auto von einem Fleck zum anderen kommen?

Das ist die falsche Frage. Viel eher sollten Sie sich die Frage stellen, wie Sie selbst von einem Fleck zum anderen kommen. Es geht keineswegs darum, dass Sie von heute auf morgen der Nutzung des Autos komplett entsagen. Aber bereits einfache Maßnahmen vermögen es, in der Menge eine große kostensenkende Wirkung zu entfalten. Gehen wir einmal davon aus, Sie würden eine Strecke von 60 km täglich mit Ihrem Fahrzeug hin und zurück fahren, weil Sie zur Arbeit müssen. Dies bedeutet 120 km täglich insgesamt. Je nach Fahrzeug kommen Spritkosten in nicht unerheblicher Höhe zustande. Gehen wir pauschal – bei mehreren freien Tagen pro Monat – von einer Fahrtstrecke von 2.500 km im Monat aus. Monatlich sind bei einem Diesel-Pkw den Schätzungen nach 400 € an Spritkosten anzusetzen. Das Monatsticket für die Bahn kostet Sie 100 € pro Monat.

> **Beispielersparnis bei häufiger Nutzung der Bahn mit Monatsticket anstelle des Autos:**
>
> 200 € im Monat!

Niemand befiehlt Ihnen, täglich die Bahn zu nehmen. Andererseits spricht nichts dagegen, da es sich positiver auf die Umweltbilanz auswirkt, Sie in der Bahn lernen oder surfen können, die Möglichkeit zu Telefonaten und Chats oder zum Kennenlernen von Menschen besteht. Für alles, was über die Fahrt zur Arbeit hinausgeht, können Sie gern Ihren Wagen nutzen und büßen kaum an Komfort ein.

Entscheiden Sie sich gegen den Weg zur Arbeit mit der Bahn, haben Sie an anderen Stellen die Möglichkeit, bei der Mobilität umzudenken:

➢ Einkaufen gehen zu Fuß
➢ Mit dem Fahrrad zur Arbeit (geht bei kleineren Distanzen in Städten mit hohem Stauniveau sogar schneller)
➢ Fahrgemeinschaften gründen

Jürgen Schreiber erwähnt in seinem Ratgeber *Geld sparen – Leicht gemacht* (2019)[67] die Problematik des Stresspegels im Verkehr. Menschen, die täglich im Verkehr steckten, würden Schreiber zufolge ihr Risiko für Erkrankungen des Herz-/Kreislaufsystems erhöhen. Anstelle dessen empfiehlt Schreiber häufigere Ausflüge zu Fuß, bei denen Podcasts und Musik gehört und die Gedanken schweifen gelassen werden können.

Wie häufig die Nutzung des Fahrzeugs auch ausfällt: Irgendwann wird das Tanken notwendig sein. Sobald es dazu kommt, sind die nachfolgenden Tipps eine Hilfe, um zu sparen.

Fein und ausführlich formuliert es Frank Ochse in seinem bereits benannten Werk, indem er die Tageszeiten in ein Urteil über die besten Tankkonditionen einbezieht[68]:

➢ Morgens zwischen 6 und 8 Uhr ist Tanken am teuersten.
➢ Zu Zeiten, in denen die Straßen voll werden – üblicherweise gegen 11, 14 und 17 Uhr – schießen die Preise nochmals in die Höhe.
➢ Zwischen 18 und 22 Uhr ist das Tanken am günstigsten.

---

[67] Schreiber, J.: Geld sparen – Leicht gemacht, 2019.
[68] Ochse, F.: Wie Sie Geld und Ärger sparen, 2019.

Diese Angaben variieren von Ort zu Ort und mit der wirtschaftlichen Situation, lassen sich allerdings als Grundregeln und Basis für eigene Beobachtungen festhalten. Nutzen Sie diese Erkenntnisse, um an Tankstellen, wo Sie für gewöhnlich tanken, Muster abzuleiten und zu sparen. Durch den optimalen Zeitpunkt sind bis zu 10 Cent Ersparnis pro Liter möglich.

Beispielersparnis:

5 € pro Betankung!

Zwei weitere Tipps zum Tanken sind die Vermeidung von Tankstellen auf den Autobahnen und – bei grenznahen Wohnorten – ein Tanken außerhalb Deutschlands. Auf den Autobahnen sind, Aussagen von Frank Ochse zufolge, die Preise bis zu 20 Cent pro Liter teurer. Lässt es sich nicht vermeiden, dann sollte auf den Autobahnen nur das Nötigste getankt werden, um zur Tankstelle außerhalb der Autobahn zu gelangen und für den vollen Tank möglichst geringe Preise zu zahlen. Ersparnisse bei Grenzüberfahrten sind im Osten in Polen und im Westen in Luxemburg möglich.

Zusammenfassung

Wer sein Fahrzeug maximal kostengünstig kaufen möchte, ist mit einem Barkauf am besten beraten. Es entfallen Zins- und Leasinggebühren, wie sie bei Finanzierungen bzw. beim Leasing normalerweise enthalten sind. Ob Sie ein Gebrauchtfahrzeug oder einen Neuwagen kaufen, ist eher eine Frage des Budgets als eine Frage der Ersparnisse. Denn bei Finanzierungen und beim Barkauf halten sich Neu- und Gebrauchtwagen die Waage: Der Neuwagen kostet mehr, hält aber länger. Der Gebrauchtwagen kostet weniger, hält jedoch kürzer. Das Leasing empfiehlt sich nur, wenn Sie den Anspruch haben, regelmäßig einen Neuwagen zu fahren. Von Abo-

Modellen ist bei einem Bestreben nach Preiserparnissen immer abzuraten! Nach der Anschaffung halten Sie die Kosten gering, indem Sie Verschleißteile schonen und verbrauchsschonend fahren. Müssen Sie tanken, dann tun Sie dies nur außerhalb von Autobahnen und zu Zeiten, zu denen wenig Verkehr auf den Straßen ist. So fallen die Preise maximal günstig aus.

GRUNDLEGENDES ZU IHREN FINANZEN

In diesem Kapitel beschäftigen wir uns mit gewissen Kernaspekte, die mit Finanzen in Verbindung gebracht werden und ebenfalls Sparpotenzial beinhalten. Dazu gehört das eigene Girokonto, von welchem aus sämtliche Zahlungsflüsse ausgehen. Die Banken haben verschiedene Konditionen und Kostenstrukturen, weswegen sich ein umfassender Vergleich der Girokonten mit Schwerpunkt auf das Direktbanking lohnt. Neben dem Girokonto stellt sich bei den Finanzen die grundlegende Frage, wie die eigenen Ersparnisse angelegt werden. Die Geldanlage an sich kann über verschiedene Produkte erfolgen, wovon Sie einige in diesem Kapitel genannt erhalten, um sich zielgerichtet näher informieren zu können. Des Weiteren sinnbildlich für den Bereich der Finanzen stehend: Die Buchhaltung. Auch ein privater Haushalt profitiert von einer Buchhaltung. Sie lernen in diesem Kapitel die Vor- und Nachteile der handschriftlichen Führung eines Haushaltsbuchs sowie der digitalen Führung einer Buchhaltung über Apps kennen. Zu guter Letzt werden die im Zusammenhang mit Finanzen wichtigen Steuern thematisiert. Das entsprechende Unterkapitel sensibilisiert Sie dafür, sogar als Angestellter Steuererklärungen durchführen zu lassen, um die meistens vorhandenen Einsparpotenziale ausnutzen zu können.

Girokonto: Direktbanking als günstige und leistungsstarke Variante

Direktbanking wird alternativ als Online-Banking bezeichnet. Der Anteil der Nutzer von Online-Banking in der deutschen Bevölkerung ist ab 2006 bis 2019 sukzessive gestiegen[69]. Dies ist mut-maßlich einerseits der zunehmenden Digitalisierung und der ver-besserten Wahrnehmung der Angebote zu verdanken. Andererseits spielen Gründe wie die Einfachheit und die Kostenersparnisse im Vergleich zu Filialbanken eine Rolle. Sie und ebenso andere Perso-nen stehen vor der freien Entscheidung, das Girokonto bei einer Filialbank oder einer Direktbank zu eröffnen. Zu den Filialbanken gehören sämtliche Banken, die eine lokale Niederlassung unter-halten: Postbank, Sparkasse, Volksbank, Commerzbank, Deutsche Bank, TARGOBANK, Sparda-Bank, HypoVereinsbank, Santan-der Bank und mehrere auf einzelne Regionen ausgerichtete Ban-ken. Den Direktbanken werden folgende zugeordnet: ING DIBA, comdirect, 1822direkt, Consorsbank, Norisbank, N26, netbank und weitere weniger bekannte Anbieter. Die Filialbanken sind im Hinblick auf die Grundgebühren teurer als Direktbanken, was auf-grund der Verfügbarkeit mehrerer Services verständlich erscheint: Bankberater stehen Kunden in den Filialen bei Fragen und Wün-schen zu den Öffnungszeiten zur Verfügung. Es existieren Spezia-listen für einzelne Bereiche (z. B. Immobilien, Konsumkredite, Businesskredite), die bereit sind, umfassende Pläne mit den Kun-den zu entwerfen. Zudem gibt es vor Ort die Möglichkeit von Bar-geldverfügungen an den Automaten und für das Holen von Konto-auszügen. Der Service samt Infrastruktur und Personal strapaziert finanziell mehr als es die Online-Präsenz und geringeren Services der Direktbanken tun. Dies rechtfertigt die höheren Kosten bei Filialbanken, wirft zugleich aber die Frage auf, inwiefern das Ange-bot und der Service von Filialbanken überhaupt notwendig sind.

Stand 2018 nutzten in Deutschland 59 % der Bevölkerung das Online-Banking[70]. Diese Personen haben für sich die Entschei-dung getroffen, dass der Service der Filialbanken ihnen keine spür-

---

[69]   https://de.statista.com/statistik/daten/studie/533174/umfrage/an-teil-der-nutzer-von-online-banking-in-deutschland/
[70]   https://de.statista.com/themen/872/online-banking/

baren Mehrwerte verschafft. Es ist zwar eine vage Behauptung, doch bewahrheitet sie sich bei den Praxiserfahrungen auffällig vieler Nutzer: Die Berater in den Filialbanken sind häufig nicht objektiv und verkaufen Produkte, die ihnen persönlich und der Bank den größten Nutzen bescheren. Wer also eine Immobilie finanzieren möchte, bekommt direkt den hauseigenen Bausparvertrag und hauseigene Versicherungen für die Immobilie angeboten – so die weitverbreitete Tendenz.

Bei Online-Banken entfällt zwar ein beratender Service, doch durch Hotlines, E-Mails oder Chats ist regelmäßig ein Support für die grundlegenden Fragen bezüglich der Kontonutzung vorhanden. Für Bargeldverfügungen existieren keine eigenen Geldautomaten. In diesem Fall gibt es durch die EC-Karte an den Geldautomaten kooperierender Filialbanken eine Möglichkeit, Geld abzuheben. Viel verbreiteter ist jedoch die Bargeldverfügung mittels einer Kreditkarte, was an 97 % aller Geldautomaten in Deutschland kostenlos ist.

Wussten Sie schon?

Kreditkarten sind auch bei Filialbanken erhältlich. Für gewöhnlich gibt es diese bei Filialbanken aber nur nach einer bestandenen Bonitätsprüfung. Diese setzt ein festes monatliches Einkommen voraus und urteilt bei Selbstständigen streng. Direktbanken wiederum geben die Kreditkarte ohne Bonitätsprüfung und kostenlos heraus, wodurch Geld abheben unterm Strich wesentlich flexibler möglich ist als bei Filialbanken.

Vereinzelt kamen Gerüchte über die Unsicherheit von Direktbanken auf. Dieselbe Debatte stellte sich beim Online-Banking von Filialbanken. Bei der Benutzung des Online-Bankings zeigen sich jedoch schnell die Sicherheitsvorkehrungen: Bereits bei der Einrichtung des Kontos müssen Passwörter mehrmals neu vergeben werden, zudem trägt der TAN-Generator zu einem Schutz vor

111

Phishing-Attacken bei. Phishing-Attacken sind Angriffe auf die persönlichen Daten, die dem Identitätsdiebstahl dienen. Durch TAN-Apps fürs jeweilige Endgerät wird für jede Transaktion eine separate TAN generiert, die zur Bestätigung der Transaktion notwendig ist. Dies steigert die Sicherheit und ist sowohl bei Direkt- als auch Filialbanken ein grundlegender Bestandteil des Online-Bankings.

Es ist also weniger die Sicherheit, weswegen sich in Deutschland bisher 59 % und nicht mehr Personen fürs Online-Banking entschieden haben. Vielmehr stellt sich eine Generationenfrage, wie sich unter Berufung auf eine Umfrage des Bundesverbands Deutscher Banken schlussfolgern[71] lässt:

> 71 % der Befragten im Alter von 18 bis 29 Jahren nutzen Online-Banking
> 23 % der Befragten im Alter von über 60 Jahren nutzen Online-Banking

Die Zahlen beziehen sich auf das Jahr 2018. Es zeigt sich, dass das Alter einen Einfluss auf die Nutzung des Online-Banking-Angebots hat. Dies ist insofern wenig verwunderlich, als dass Personen in höherem Alter einen geringeren Grad an Digitalisierung aufweisen als jüngere. Grundsätzlich zeichnet sich ab, dass alle Personen, die digitalisiert sind, ein Smartphone haben und keine Probleme haben, die Bedienung neuer Anwendungen für die Endgeräte zu erlernen, über das Online-Banking nachdenken sollten. Denn es bietet viele Eigenschaften, die ein gutes Girokonto auszeichnen.

---

[71] https://de.statista.com/themen/872/online-banking/

Merkmale guter Girokonten

Als ein gutes Girokonto bewertet dieser Ratgeber ein solches, das den Nutzern ein umfangreiches Angebot zur Verfügung stellt **und** kostengünstig ist. Was ein *umfangreiches Angebot* und *geringe Kosten* sind, ergibt sich aus einem Vergleich aller Banken im Hinblick auf folgende Aspekte:

➢ Eröffnungsprämie
➢ Gebührenfreie Kontoauszüge
➢ Örtliche Geldautomaten
➢ Kostenlose Bargeldeinzahlungen und -abhebungen
➢ Keine Kontoführungsgebühren
➢ Kostenlose Kreditkarte
➢ Dispozinsen unter 8 %
➢ Gute Kundenbetreuung
➢ Kein monatlicher Mindestgeldeingang

Quelle: giroexperte.de[72]

Eröffnungsprämien bieten sowohl Direkt- als auch Filialbanken an. Filialbanken knüpfen diese im Vergleich häufig an Mindestgeldeingänge über mehrere Monate hinweg. Bei Direktbanken gibt es die Eröffnungsprämien des Öfteren ohne Bedingungen direkt bei der Kontoeröffnung überwiesen. Hinzu kommen bei Direktbanken weitere Prämienaussichten durch das Werben von Neukunden oder durch einen Treuebeweis in Form einer mehrmonatigen Nutzung. In der Spitze sind bis zu mehrere Hundert Euro Prämienzahlungen möglich.

Einzige Möglichkeit zum Erhalt von **Kontoauszügen** ist bei Direktbanken über einen Drucker oder der digitale Abruf über das eigene Endgerät. Filialbanken bieten dies im Rahmen Ihres Onli-

---

[72] https://www.giroexperte.de/

ne-Bankings ebenfalls an, verhängen jedoch Gebühren ab einer bestimmten Anzahl an Kontoauszügen. Letzten Endes sind die Kontoauszüge bei Direktbanken zu besseren Konditionen angeboten.

Örtliche Geldautomaten sind nur bei den Filialbanken gegeben. Durch die kostenlose Kreditkarte von Direktbanken werden an den Geldautomaten der Filialbanken **Bargeldverfügungen** kostenlos, weswegen bei einer Nutzung der Kreditkarte keine örtlichen Geldautomaten der Direktbanken notwendig sind.

Bargeldeinzahlungen sind nur bei Filialbanken möglich, wobei zum einen das Personal am Schalter unterstützt und zum anderen Automaten dafür vorhanden sind. Kunden von Direktbanken müssen Bargeldeinzahlungen bei Filialbanken durchführen und dabei Gebühren entrichten.

Kontoführungsgebühren bei den Girokonten entfallen bei Direktbanken immer, sofern der günstigste Tarif gewählt wird. Bei Filialbanken existieren für junge Erwachsene, Kinder, Azubis und Studenten Modelle ohne Gebühren, die jedoch Einschränkungen mit sich bringen.

Die **Kreditkarte** erhalten Kunden von Filialbanken nicht kostenlos. Es fallen jährliche Gebühren an, die bei der ClassicCard bei um die 30 € jährlich bei verschiedenen Filialbanken liegen. Hier hat die Volksbank mit 30 € Jahresgebühren unter den Filialbanken noch das günstigste Angebot. Viel schwerer wiegt der Nachteil der Bonitätsprüfung, die bei Filialbanken im Rahmen der Kreditkartenvergabe erfolgt: Insbesondere jungen Personen wird der Zugang zur Kreditkarte erschwert. Kunden von Direktbanken erhalten die Kreditkarte kostenlos und ohne Bonitätsprüfung.

Dispo-Zinsen fallen dann an, wenn das eigene Konto überzogen wird. Dies ist für fleißige Sparer ein Tabu, da Zinsen auf einen Dispo-Kredit hoch ausfallen. Sie können über 10 % betragen. Im Vergleich der Banken sind Dispo-Zinsen unterhalb der 8-Prozent-Grenze ein guter Wert. Diesen bieten allem voran die Direktbanken.

Eine **gute Kundenbetreuung** ist zwar ein subjektives Kriterium, jedoch liefern die zusammengetragenen Meinungen vieler Personen durchaus gute Rückschlüsse darauf, wie einem selbst eine Bank gefallen würde. Je nach positiv und negativ hervorgehobenen Aspekten lässt sich aus den Kundenrezensionen schließen, wie die jeweilige Bank performt. Gute Übersicht über die Quintessenzen der Rezensionen von Kunden erhalten Sie auf der bereits als Quelle angewandten Vergleichsseite Giroexperte.de[73] in den Beiträgen über die einzelnen Girokonto-Anbieter.

Der **Verzicht auf einen monatlichen Mindestgeldeingang** bei Banken eröffnet allem voran einkommensschwachen Personen die Aussichten auf eine Kontonutzung zu jederzeit fairen bzw. günstigen Konditionen.

So sparen Sie – vom bisher teuren Konto zum neuen Preisschlager

Auf dem Weg zu einem günstigeren Girokonto stellen sich Menschen oftmals Schwierigkeiten und bürokratische Aufwände in den Weg. Die gesamten bisherigen Zahlungspartner müssen über die neue Bankverbindung informiert werden. Hinzu kommt die neue Kontoeröffnung an sich, und die Kündigung bei der bisherigen Bank. Darüber hinaus ist eine neue Einstellung der Dauerüberweisungen erforderlich. All dies sind Brocken, die erst einmal im

---

[73] https://www.giroexperte.de/

Weg liegen. Doch nun die positive Nachricht: Bei den Direktbanken wird die Kontoeröffnung gemütlich im Internet durchgeführt. Beim Wechsel des Kontos ist die bisherige Bank dem Gesetz nach zur Mithilfe verpflichtet und erledigt den Großteil der Arbeit. Diesen Service bezeichnet man als Kontowechselhilfe. Einige Banken bieten einen umfangreicheren Service an, den sie meist Kontowechselservice nennen oder mit anderen Synonymen bezeichnen. Für gewöhnlich sieht der Ablauf so aus, dass Sie das neue Girokonto bei der Bank Ihrer Wahl eröffnen und anschließend die bisherige Bank mit einem Formular zur Hilfe beim Kontowechsel auffordern. Das Ermächtigungsformular hierzu finden Sie auf der Website des Bundesministeriums für Justiz und Verbraucherschutz[74]. Dort laden Sie es herunter, füllen es aus und senden es zu Ihrer bisherigen Bank. Als Alternative können Sie diese Schritte überspringen und zu Ihrer Bank gehen, um mündlich die Aufforderung zur Kontowechselhilfe zu formulieren.

Nach der Kontoeröffnung und der Beantragung der Kontowechselhilfe managt die alte Bank fast alle weiteren erforderlichen Schritte, indem sie die Arbeitsgeber und Vertragspartner über den Kontowechsel und die neuen Kontodaten informiert. Daraufhin werden die Lastschriftverfahren sowie Dauerüberweisungen dem neuen Konto angepasst. Letztlich erfolgt die Auflösung des alten Kontos samt Geldübertrag aufs neue Konto.

Nun stellt sich lediglich die Frage nach einem geeigneten Anbieter. Möchten Sie sparen, dann empfiehlt sich definitiv eine Direktbank. Dass diese qualitativ in den wichtigsten Punkten – abgesehen von der Beratungsfunktion – besser abschneidet als die Filialbank als Alternative, ist ein weiteres deutliches Argument für eine Kontoeröffnung bei der Direktbank. Als Direktbanken mit den besten

---

[74] https://www.bmjv.de/DE/Verbraucherportal/FinanzenVersicherungen/Kontowechselhilfe/Kontowechselhilfe_node.html

Konditionen sind in Rezensionen und bei Untersuchung der Angebote die folgenden drei Banken positiv auffällig:

➢ ING DIBA
➢ norisbank
➢ DKB

Insbesondere die ING DIBA ist als mehrfacher Testsieger verstärkt in die Wahrnehmung der Öffentlichkeit gerückt. Die Anzahl der Kunden befand sich ab 2008 bis 2018 der Quelle Statista zufolge kontinuierlich im Anstieg[75]. Für das Jahr 2019 stehen die Auswertungen noch aus. Es ist dennoch die populärste Direktbank in Deutschland. Schenken Sie der ING DIBA oder einer der anderen Direktbanken Ihr Vertrauen, dann sparen Sie am Girokonto.

Beispielersparnis:

5 € monatlich durch das Entfallen der Kontoführungsgebühren!

Hinweis!

Depots und Ordergebühren für den Wertpapierhandel sind bei Direktbanken ebenfalls günstiger als bei Filialbanken. Noch günstiger kommen Sie beim Online-Broker weg. Da es einfacher ist, alles – vom Girokonto bis zum Aktiendepot – bei einem Anbieter auf einen Blick zu haben, wird empfohlen, dass Sie sich im Falle eines Interesses für den Wertpapierhandel Ihr Depot bei einer der Direktbanken einrichten und trotz der Ersparnisse nicht ein separates Depot beim Online-Broker eröffnen.

---

[75]   https://de.statista.com/statistik/daten/studie/305106/umfrage/anzahl-der-kunden-der-ing-diba/

Geldanlage: Sparbücher und festverzinsliche Sparprodukte

Da bereits in der Einleitung der nicht mehr vorhandene Nutzen des Sparbuchs thematisiert wurde, soll an dieser Stelle dieses Thema nur kurz Anklang finden, um mit Zahlen die Wirklichkeit zu belegen. Betrachten wir als Zahlen dabei die Zinsen, die im Schnitt im Zehntausendstelbereich liegen: 0,03 % und 0,01 % sind aktuell realistische Zinsen. Gesetzt dem Fall, Sie würden pro Jahr 2.000 € sparen, dann würden Sie an Zinsen zusätzlich 60 Cent bei 0,03 % Jahreszinsen bzw. 20 Cent bei 0,01 % Jahreszinsen erhalten. Dies ist nicht nur fast nichts. Das *ist* nichts!

Es kommt noch schlimmer. Denn neben den schwachen Zinsen gibt es die Inflation als Gegenspieler. Die Inflation bezeichnet die jährliche Entwertung des Geldes durch einen allgemeinen Preisanstieg. Die Inflation der vergangenen zehn Jahre auf einen Blick:

Jahr	Inflationsrate
2010	1,31 %
2011	1,98 %
2012	2,04 %
2013	1,43 %
2014	0,19 %
2015	0,17 %
2016	1,50 %
2017	1,38 %
2018	1,56 %
2019	1,54 %

Quelle: de.inflation.eu[76]

---

[76] https://de.inflation.eu/inflationsraten/deutschland/historische-inflation/vpi-inflation-deutschland.aspx

Schlussendlich steht also ein Verlust bei einer Geldanlage über das Sparbuch zubuche, da die Inflation von diesem Betrag subtrahiert werden muss. Und so werden aus 2.000 € – die Inflationsrate von 2019 zugrunde legend – 1.969,20 €. Den Zinsertrag von 60 Cent hinzuaddierend, wären nach einem Jahr aus 2.000 € satte 1.969,80 € geworden. Es handelt sich um keinen Witz, sondern um Realität!

Die Bevölkerung ist mittlerweile gut aufgeklärt, hält aber dennoch am Sparbuch fest. Es sei sicher, so heißt es. Befassen Sie sich mit dem Thema Wertpapiere genauer, dann werden Sie feststellen, dass die Geldanlage in Wertpapiere hinsichtlich des Risikos durchaus gut kontrolliert werden kann.

> **Wussten Sie schon?**
>
> Eine Geldanlage in Wertpapiere, die das Risiko streuen, ist die sicherste Option. Hier kommen Aktienfonds und eine besondere Art von Fonds, nämlich die ETFs (Exchange Traded Funds), ins Spiel. Aktienfonds der Investmentgesellschaft Blackrock und ETFs auf den MSCI World sollten, wenn Sie sich über Geldanlagen in Wertpapiere informieren, Ihre bevorzugte Anlaufstelle sein.

Neben Wertpapieren eignet sich die Finanzierung von Immobilien mit Hilfe der Erlöse aus den monatlichen und jährlichen Ersparnissen optimal zum Vermögensaufbau. Außerdem existiert ein großes Angebot an privaten Altersvorsorgeverträgen, die fondsbasiert und staatlich gefördert sind. Informieren Sie sich reichhaltig über diese Themen. Haben Sie Verständnis dafür, dass dieser Ratgeber nicht weiter auf diese Thematiken eingehen kann. Denn dieser Ratgeber widmet sich ausschließlich der Frage, wie Sie Geld einsparen, damit Sie es in Produkte anlegen oder für sich selbst beiseitelegen können.

Haushaltsbücher führen oder Finanzen mit Apps im Überblick behalten?

Es gibt zwei Wege, um die eigenen Finanzen im Blick zu behalten: Der eine führt über ein handschriftlich geführtes Haushaltsbuch, der andere über Apps. Der Großteil der Menschen hierzulande entscheidet sich für keinen dieser Wege und behält folglich die eigenen Finanzen nicht im Überblick. Da dies keine Alternative ist, befassen wir uns mit den Vor- und Nachteilen beider Wege. Haushaltsbuch oder App? Der ultimative Check!

Doch vorab soll auf den Hintergrund dieses Vergleichs und die Notwendigkeit der Dokumentation von Zahlungsflüssen eingegangen werden. Wir leben in einer Welt, die uns mit der Digitalisierung zahlreiche Vorteile bietet. Die Lieblingsserien sind nur ein Abo und einen Klick entfernt. Die Bezahlungen laufen aufgrund der vielfältigen Mobil- und Kartenzahlmethoden schnell und an unserem Bewusstsein vorbei. Gleichzeitig bringt uns die Digitalisierung Herausforderungen, die entweder aus den gestiegenen Anforderungen an uns resultieren oder aber durch die bloße Umstellung auf die Digitalisierung bedingt sind.

Was auch immer es ist und wie auch immer wir die heutige Zeit sehen: Das Entschleunigen und Sich-Zeit-Nehmen, um einige Dinge Revue passieren zu lassen, ist uns vermehrt oder zumindest zum Teil abhandengekommen. Wenn es ausnahmsweise doch einmal um die Erfassung und Dokumentation des Ist-Zustandes geht, dann fühlen wir uns überfordert, weil so viel Unordnung herrscht und die Herstellung von Ordnung wie eine Mammutaufgabe erscheint. Interessanterweise ist das im asiatischen Raum anders, wo gewisse Dinge bereits im frühen Kindesalter gelernt und fürs ganze Leben verinnerlicht werden. Dazu gehört das Führen eines Haushaltsbuches oder eines „Kakebo", wie es die Japaner nennen. In diesem Buch wird die denkbar einfachste Sache gemacht, vor der in unseren Breitengraden aber anscheinend alle Menschen Angst haben: Es werden Ein- und Ausgaben einander gegenübergestellt. Wird es kontinuierlich gemacht, so stellt sich eine weitreichend positive Wirkung ein.

> Ordnung: Einkäufe lassen sich einfach und systematisch organisieren.
> Kontrolle: Die täglichen Einkäufe werden kontrolliert und nach Notwendigkeit durchgeführt.
> Ersparnis: Durch das Aufdecken bisheriger Schwachstellen lassen sich die Fehler reduzieren und 20 bis 30 % der Kosten bei Einkäufen einsparen.
> Disziplin: Aufgrund des Aufschreibens fällt der Verzicht auf unnötige Anschaffungen leichter was die Selbstdisziplin fördert.
> Gelassenheit: Durch die Kontrolle über sich selbst und über die Finanzen treten Sicherheit und Gelassenheit ein.

Quelle: Naumann und Göbel, 2018[77]

Die Japaner erledigen die Buchhaltung in einem Haushaltsbuch in der traditionellen Variante handschriftlich. Als Alternative existieren Anwendungen fürs Smartphone, Tablet und für Laptops sowie weitere Endgeräte. Ob handschriftlich oder digital, das Prinzip ist stets dasselbe: Die Einkäufe werden in einzelne Kategorien aufgeteilt. Diese sind individuell anzufertigen. In jedem Fall empfehlen sich Unterscheidungen in existenziell wichtige, für die Lebensqualität wichtige und entbehrliche Einkäufe. Darüber hinaus ist für die Kalkulation der geplante monatliche Sparbetrag anzusetzen. Weitere sinnvolle Posten sind natürlich die eigenen Einnahmen, ein monatliches Polster für unvorhergesehene Rechnungen (z. B. Behandlung des Haustiers beim Tierarzt, Reparatur des eigenen

---

[77] Kakebo – Das Haushaltsbuch, 2018. Naumann und Göbel Verlagsgesellschaft mbH. Köln.

KFZ) und andere individuell erforderliche Kostenpunkte. Die einzelnen Kategorien des Haushaltsbuches werden Tag für Tag dokumentiert. Das ist alles. Es empfiehlt sich, vor den Ausgaben Ziele bzw. Grenzen für die einzelnen Kategorien zu definieren:

> Wie viel möchte/muss ich mindestens verdienen?
> Welches Budget setze ich für die existenziell notwendigen Kostenposten an?
> Wie viel Geld möchte ich mir in diesem Monat für Luxus einräumen?
> Welchen Sparbetrag peile ich an?

Sie erinnern sich noch an die Einleitung? Dokumentation, präzise Formulierungen und Visualisierungen! Haushaltsbücher und Apps sind zwei Wege, diese Aspekte abzudecken. Wir blicken nun auf die Vor- und Nachteile der beiden Varianten.

Haushaltsbuch: Das Gehirn arbeitet stark mit

Das Haushaltsbuch ist zuallererst absolut individuell gestaltbar. Es steht Ihnen frei, für einzelne Kategorien verschiedene farbliche Einteilungen vorzunehmen. Mittels einer farblichen Gestaltung nach eigenem Ermessen lassen sich die Dinge schneller überblikken. Selbst der grundlegende Aufbau eines Haushaltsbuches ist Ihnen überlassen: Welche Kategorien sollen gemeinsam auf eine Seite? Möchten Sie Zwischenrechnungen pro Woche eingliedern oder bevorzugen Sie eine komplette Monatsabrechnung? Welche Kategorien möchten Sie überhaupt erstellen, um Ihre Einnahmen, aber vor allem die Ausgaben, zu segmentieren? All das können Sie selbst entwerfen. Darüber hinaus ist das Buch an sich frei wählbar. Darf es im Format DIN A4 sein oder empfiehlt sich DIN A5, um das Buch kleiner und portabler zu gestalten? Oder möchten Sie es besonders groß und nur für zuhause im DIN-A3-Format haben, um die Übersicht als Plakat anzufertigen? Sind Sie an einer Doppellösung interessiert, bei der Sie für unterwegs einen Notizblock benutzen und dort alles eintragen, woraufhin Sie die Daten zuhause in Ihr eigentliches Haushaltsbuch übertragen? Sie merken, dass Sie Herr bzw. Herrin über die Gestaltung sind!

Hinweis!

Auch wenn sich ein Haushaltsbuch für unterwegs empfiehlt, ist es bei weitem kein Muss. Sie können es zuhause liegen lassen und am Abend eines jeden Tages, im Stil eines Rituals, die gesamten Einnahmen und Ausgaben eintragen. Da Sie über den Tag die Quittungen aus Einkäufen sammeln, ist eine Dokumentation mit Einträgen direkt nach jedem Einkauf nicht notwendig. Eine solche Dokumentation dient lediglich der Sicherheit, dass keine Daten vergessen werden oder verloren gehen.

Wesentlich mehr punktet das Haushaltsbuch durch die Art und Weise, wie es verfasst wird. Handschriftlich auf einem Blatt Papier. Dies ist noch viel wichtiger als die Flexibilität, da Forscher und Experten der handschriftlichen Arbeit einen großen Nutzen zusprechen: Von Hand schreiben mache schlauer. Neurowissenschaftliche Studien von Hochschulen würden zeigen, dass das Handschreiben die Merkfähigkeit, das inhaltliche Verständnis und die Kreativität fördert (Quelle: Fachzeitschrift WirtschaftsWoche in Berufung auf Marianela Diaz Meyer, Geschäftsführerin des Schreibmotorik Instituts[78]). Daraus erschließt sich für Sie, dass Sie die aufgeführten Einnahmen und Ausgaben bewusster verarbeiten und besser nachzuvollziehen lernen. Klare Vorteile. Schlussfolgern wir im weiteren Verlauf besonders optimistisch, so stoßen wir auf den plausiblen Vorteil, dass die Kreativitätsförderung durch die handschriftliche Arbeit Ihnen helfen könnte, Lösungen für eine Optimierung der Einnahmen und/oder Senkung der Ausgaben zu finden.

---

[78] https://www.wiwo.de/erfolg/beruf/lehrer-warnen-vor-einfluss-des-tippens-von-hand-schreiben-macht-schlauer/24197710.html

Als weiterer Vorzug der handschriftlichen Arbeit sei die Senkung des Stresslevels angeführt. Grund dafür ist, dass Sie sich für das Schreiben definitiv Zeit nehmen müssen und dabei weniger abgelenkt werden. Das Eintippen der Einnahmen und Ausgaben in eine App auf dem Smartphone kann tagsüber nebenbei gemacht werden und wird es meistens auch. Auf diesem Wege kommt es zu Ablenkungen. Sogar, wenn Sie sich am Abend in aller Ruhe hinsetzen, erhalten Sie auf einem Smartphone zwischendurch Nachrichten über die Messenger-Apps, die störend auf den Prozess des Schreibens/Tippens einwirken. Das Schreiben verschafft Ihnen Konzentration, Ruhe, Abstand vom Alltag und dient als Ritual der Senkung des Stresspegels, der in der heutigen digitalisierten Welt des Öfteren Einzug erhält.

Unterziehen wir die Seite der Nachteile einer Prüfung, dann steht am Ende lediglich der hohe zeitliche Aufwand bei der handschriftlichen Führung eines Haushaltsbuches auf der Liste. Aufgrund der Notwendigkeit, sich in Ruhe hinzusetzen und sich mit dem Eingetragenen auseinanderzusetzen, kann es gut sein, dass am Ende des Tages eine halbe bis eine Stunde für die „Bilanzierung" anfällt. Mit der Zeit verkürzt sich diese Dauer aber merklich, da Sie sich einarbeiten. Dennoch kann das Haushaltsbuch im Vergleichspunkt „Arbeitsgeschwindigkeit" nicht mit den Apps mithalten. Dieser Nachteil entpuppt sich bei näherer Betrachtung zwar als Vorteil, da eben dieser Faktor den Stresslevel senkt, aber vordergründig wird es der Fairness wegen als Nachteil aufgeführt.

Vorteile auf einen Blick:

- ➢ **Individuelle Gestaltung in jedweder Hinsicht**
- ➢ **Aktivierung kreativer Prozesse im Gehirn und Förderung der Konzentration**
- ➢ **Senkung des Stresslevels durch Fokus auf die Bilanzierung im Haushaltsbuch**

Nachteil:

> ➢ **Eintragen im Haushaltsbuch dauert länger als bei der App**

Apps: Einfachheit und Flexibilität

Auf der Seite der Vorzüge bei Apps stehen in erster Linie Einfachheit sowie Flexibilität. Erstere ergibt sich daraus, dass das Haushaltsbuch bereits vorbereitet und designt ist. Es müssen in die Kategorien nur noch die einzelnen Kostenfaktoren eingetragen werden. Die Flexibilität ergibt sich daraus, dass Apps jederzeit verfügbar sind und ein Eintragen der Einnahmen und Ausgaben auch von unterwegs aus erfolgen kann. Denn nahezu jede Person hat ein funktionsfähiges Smartphone bei sich. Ist der Akku nicht entladen, so ist die App nutzbar. Im Gegensatz zu einer Vielzahl an Haushaltsbüchern lässt sich das Smartphone aufgrund seiner geringen Größe in der Hosentasche oder in einer Jacke verstauen. Durch ein Eintragen direkt nach der Ausgabe entgeht kein Posten Ihrer Aufmerksamkeit und ebenso wenig Ihrem Haushaltsbuch – eine lückenlose Dokumentation zur adäquaten Widerspiegelung Ihrer Ertrags- und Vermögenslage ist wahrscheinlich!

Was sich wiederum als Nachteil ergeben kann, ist das geringere Bewusstsein für die Einnahmen und Ausgaben. Hier hat das Haushaltsbuch definitiv Vorteile. Denn das Hinsetzen und Aufschreiben in aller Ruhe fördert, wie schön erörtert, die Konzentration. Zwar ist nicht garantiert, dass bei der Nutzung einer App weniger Konzentration gegeben ist, allerdings ist es sehr wahrscheinlich, dass Sie sich von der Umgebung oder von Nachrichten ablenken lassen, die Ausgaben notieren, ohne sie wirklich wahrzunehmen, und dann dem Alltag folgen, ohne einen wirklichen Eindruck davon erlangt zu haben, was Sie da überhaupt angestellt haben.

Nach diesem spekulativen Nachteil sei nun ein sicherer Nachteil angeführt: Die mangelhafte individuelle Gestaltbarkeit. Die Apps fürs Smartphone sind bereits designt. Einige wenige geben Ihnen Auswahlmöglichkeiten zu Farben und gewähren die Erstellung individueller Kategorien. Es handelt sich allerdings um Ausnahmen, die häufig mit monatlichen Kosten einhergehen. Das Grundgerüst einer App ist jedoch nie individuell umwandelbar, sodass in diesem Aspekt das Haushaltsbuch im Vergleich zur App gewinnt.

Vorteile auf einen Blick:

 - ➢ **Finanzen lassen sich einfach und jederzeit von jedem Ort in Schnelle managen**
 - ➢ **Apps sind tragbar**
 - ➢ **Gut in den digitalisierten Alltag zu integrieren**

Nachteil:

 - ➢ **Design des Haushaltsbuches ist bedingt bis gar nicht anpassbar (hängt von der jeweiligen App ab)**

Letzten Endes ist es am wichtigsten, überhaupt seine Finanzen zu dokumentieren. Dabei helfen Ihnen sowohl das Haushaltsbuch als auch Anwendungen fürs Smartphone und andere Endgeräte. Fühlen Sie sich frei, nach eigenem Geschmack Entscheidungen zu treffen. Sofern Sie bisher kein Haushaltsbuch geführt haben, wird jeder Schritt, der in Richtung Dokumentation der persönlichen Finanzen geht, für Sie ein erheblicher Fortschritt sein!

Werfen wir abschließend einen Blick auf drei Apps fürs Smartphone, mit Hilfe derer Sie Ihr Haushaltsbuch führen können. Es handelt sich hierbei um die Apps Mint[79], Money Control[80] und Money Manager[81].

Quelle: mint.com[82]

Mint wird auf vielen Webseiten als die beliebteste App zur Finanzplanung angeführt. Der Aufbau ist einfach, und der Screenshot zeigt, wie sich durch Visualisierung eine Übersicht der Einnahmen und Ausgaben samt wichtigster Kennzahlen durchführen lässt. Mit der Limitierung der Budgets für einzelne Kostenposten definieren Sie sich Grenzen, die ein rationales Ausgabeverhalten fördern. Die App lässt sich in bisherige Konten integrieren und somit herausragend mit dem Onlinebanking bei einer Direktbank kombinieren.

---

[79] https://www.mint.com/
[80] https://primoco.me/de/
[81] https://play.google.com/store/apps/details?id=com.realbyteapps.moneymanagerfree&hl=de
[82] https://www.mint.com/how-mint-works/budgets

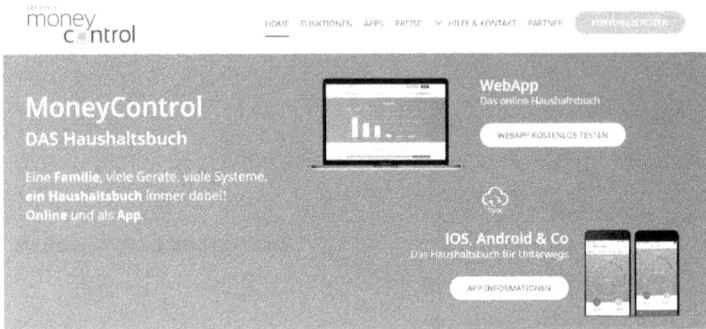

Quelle: primoco.me[83]

Money Control liefert mehr Flexibilität als Mint hinsichtlich der gestalterischen Aufbereitung. Sie dürfen sich u. a. zwischen Balken- und Tortendiagrammen entscheiden. Darüber hinaus lassen sich Personen und Gruppen anlegen, was bei Ehepaaren, Familien und anderen Personenkonstellationen anzuraten ist, die gemeinsam bestimmte Budgets in Anspruch nehmen. Besonders lobenswert ist der Automatisierungsgrad. Haben Sie durch Versicherungen, Miete und andere Posten regelmäßig wiederkehrende monatliche Zahlungen, so lässt sich dies automatisiert ansetzen und reduziert Ihren Aufwand bei der Führung des Haushaltsbuches.

---

[83] https://primoco.me/de/

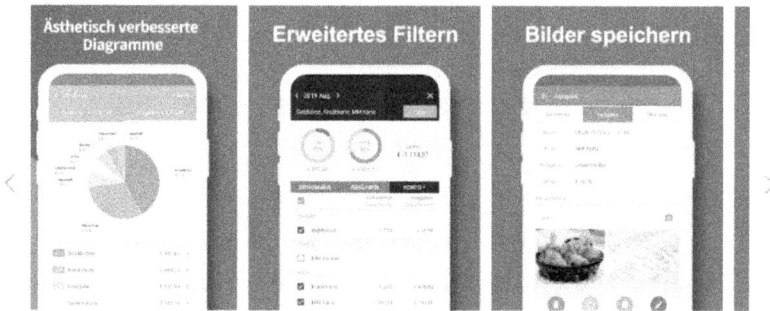

Quelle: Google Play Store[84]

Money Manager ist im Google Play Store für Smartphones und Tablets erhältlich. Seit dem letzten Update haben sich die Diagramme verbessert. Zudem informiert der Screenshot über Filterfunktionen und Speicherfunktionen für Bilder als Features der App. Filterfunktionen ergeben dahingehend Sinn, als dass Sie einzelne Kostenposten ausklammern und erkennen können, wie Ihre Ertrags- und Vermögenslage ohne diese Kostenfaktoren wäre. Dies visualisiert unmissverständlich aktuelle Kostenaspekte. Funktionen zur Speicherung von Bildern ermöglichen Ihnen die Einbindung der emotionalen Seite. Wenn Sie am Ende des Monats die Einnahmen und Ausgaben Revue passieren lassen, können Sie anhand eines Bildes besser urteilen, ob sich die Ausgabe wirklich gelohnt hat. Ein Beispiel hierfür: Leckeres Essen auf dem Bild = Ausgabe

---

[84] https://play.google.com/store/apps/details?id=com.realbyteapps. moneymanagerfree&hl=de

hat sich gelohnt, da der Ausflug ins Restaurant mit Genuss und einem Hauch von Luxus verknüpft war.

Die Apps fürs Finanzmanagement sind in einer großen Auswahl vorhanden. Sie unterscheiden sich anhand ihrer Features, was Ihnen beim Blick auf den gesamten Markt eine optimale Anpassung der Apps an Ihre Bedürfnisse ermöglicht. Führen Sie Haushaltsbuch – egal ob digital mit App oder mit Block/Buch und Stift schriftlich.

Die Steuern immer und richtig absetzen

Dieses Unterkapitel halten wir kurz, da es in ausführlicher Fassung rund ein Drittel dieses Buches in Anspruch nehmen würde. Es stimmt: Sie sparen durch das Absetzen bestimmter Kosten von der Steuer, aber die komplette Steuerlehre können Sie in diesem Buch nicht erlernen und ebenso wenig ist dies erforderlich. Ihnen helfen entweder Steuerberater oder – falls Sie angestellt sind – Lohnsteuerhilfevereine. Lohnsteuerhilfevereine dürfen nur Angestellte, Rentner und Beamte beraten[85]. Bedingung hierfür ist, dass als Ehepaar nicht mehr als 26.000 € pro Jahr durch Mieteinnahmen und/oder Kapitaleinkünfte erwirtschaftet werden. Zudem ist eine Mitgliedschaft im Lohnsteuerhilfeverein erforderlich. Mitglied werden Sie zu einem Jahresbeitrag von 50 bis 400 €. Wie viel Sie zahlen müssen, richtet sich nach Ihrem Einkommen und ist für Sie kostengünstig ausgelegt. Selbstständige und Angestellte mit Mieteinnahmen und/oder Kapitaleinkünften oberhalb der 26.000 € jährlich müssen einen Steuerberater aufsuchen. Ob Lohnsteuerhilfeverein oder Steuerberater: Beide erledigen die Steuererklärung für Sie und sorgen dafür, dass Sie aufgrund von der Steuer abzugsfähiger Ausgaben Steuerzahlungen zurückgezahlt erhalten. Auf diesem Wege sparen Sie.

---

[85] https://www.finanztip.de/lohnsteuerhilfeverein/

Hinweis!

Es handelt sich bei den Steuerrückerstattungen um keine festen monatlichen Beiträge, sondern um eine jährliche Rückzahlung des Staates an Sie, die individuell ausfällt und sich aus der Höhe Ihres Einkommens, Ihrer steuerlich abzugsfähigen Beträge und Ihrer Steuerklasse errechnet. Sie haben die Möglichkeit, in Ihrem Haushaltsbuch die Steuerrückerstattung als unvorhergesehene Einnahme anzugeben und auf diesem Wege in einem Monat des Jahres eine zusätzliche Einnahme zu generieren.

Selbstständige müssen die kompletten Steuern selbst regeln. Sie beauftragen hierfür häufig einen Steuerberater. Dabei wird alles abgesetzt, was möglich ist. Defizite beim steuerlichen Absetzen weisen viel eher die Angestellten auf, da sie nicht aufgeklärt sind. Grund hierfür ist, dass die Steuern über den Arbeitgeber abgeführt werden. So werden nur die Kosten für Sozialversicherungen steuerlich als abzugsfähige Beträge geltend gemacht. Dabei können Angestellte so viele weitere Ausgaben unter Umständen steuerlich absetzen: Fahrzeug, Anfahrtsweg zur Arbeit, eventuelle weitere Versicherungen (z. B. Haftpflichtversicherung), das Arbeitszimmer, Spenden und weitere individuelle Kosten. Haben Sie Verständnis dafür, dass die einzelnen Umstände, wann Sie die einzelnen Ausgaben steuerlich geltend machen können, in diesem Buch nicht näher thematisiert werden können. Denn die steuerliche Gesetzgebung stellt zur Absetzung der Kosten von der Steuer bestimmte Bedingungen, die eine tiefgreifende Auseinandersetzung mit Ihrem Einzelfall erfordern.

> **Wussten Sie schon?**
>
> Möchten Sie die Kosten für Ihr Fahrzeug, dessen Finanzierung oder dessen Leasing steuerlich absetzen, dann muss das Fahrzeug zumindest zum Teil für berufliche Zwecke genutzt werden[86]. Die Regel gilt für Selbstständige ebenso wie für Angestellte. Der durch die beruflichen Belange verursachte Anteil der Kosten am Fahrzeug ist steuerlich absetzbar.

Selbstständige und Angestellte finden in ihrer Region eine ausreichende Anzahl an Steuerberatern. Durch ein Telefonat und ein persönliches Treffen lässt sich erörtern, ob die Chemie zwischen Ihnen und Ihrem möglichen Steuerberater stimmt. Das Angebot an Lohnsteuerhilfevereinen ist ebenfalls ortsabhängig. Angestellte mit Interesse an Lohnsteuerhilfevereinen, die die Voraussetzungen für eine Betreuung erfüllen, finden im Internet Vergleiche verschiedener Anbieter. Die Stiftung Warentest veröffentlichte einen umfassenden Vergleich von Lohnsteuerhilfevereinen auf der eigenen Website[87], wobei neben der Anzahl an Beratungsstellen die Aufnahmegebühren sowie die Preisspannen für den Jahresbeitrag bei jedem Lohnsteuerhilfeverein aufgeführt wurden. Dort können Sie Ihre Auswahl eingrenzen und die Lohnsteuerhilfevereine Ihrer Wahl kontaktieren.

Wer Steuern absetzt, der spart. Selbstständige sind dazu förmlich genötigt und setzen steuerlich fleißig ab. Nun ist es Zeit, dass auch Angestellte sich dazugesellen. Die Lohnsteuerhilfevereine sind kompetent und weisen eine Kostenstruktur auf, bei der sich das Ausfüllen und Einreichen einer Steuererklärung unterm Strich lohnt.

---

[86] https://www.vlh.de/arbeiten-pendeln/dienstfahrten/leasing-raten-von-der-steuer-absetzen.html

[87] https://www.test.de/Steuerberatung-Wer-bei-der-Steuererklaerung-hilft-und-was-das-kostet-5137729-5137736/

Beispielersparnis durch steuerliches Absetzen:

300 € im Jahr!

Zusammenfassung

An der Basis der Finanzwelt – Konto, Geldanlage, Buchhaltung und Steuern – ergeben sich Posten, bei denen jeder Leser sparen kann. Wer bereits das günstigste Girokonto hat, wird von einer Verknüpfung mit einer guten Buchhaltungs-App profitieren. Wer sein Geld richtig anlegt, hat aufgrund der ausgebliebenen Wahrnehmung der Steuervorteile womöglich noch nicht das Potenzial seiner möglichen Sparbeträge ausgeschöpft und kann diese durch Steuerrückerstattungen steigern. Wirklich jeder Leser hat Optimierungspotenzial in seiner finanziellen Basis, wie dieses Kapitel zeigte. Selbst kleine Potenziale werden in der Summe mit den anderen Maßnahmen zu einem großen Gesamtnutzen anwachsen. Wie immer müssen Sie nur anfangen, die Ratschläge umzusetzen. Schwer ist es nicht: Die Kontowechselhilfe ermöglicht im Handumdrehen einen Wechsel zu einem günstigeren Girokonto-Anbieter, wo Sie zudem Ihr Geld in einem Depot klug anlegen können. Füllen Sie an jedem Abend Ihr Haushaltsbuch gewissenhaft aus und geben Sie die Quittungen des Jahres zur Steuererklärung bei einem Dienstleister – ob Steuerberater oder Lohnsteuerhilfeverein – ab, um sich zusätzliche Ersparnisse zu sichern. So unternehmen Sie alles in Ihrer Macht stehende, um Ihre finanzielle Basis zu optimieren.

URLAUB

Für jede Person oder Familie ist eine Balance zwischen Privatleben und Arbeit essenziell, um langfristig zu funktionieren. Einige wenige Personen begehen den Fehler, zu denken, es bringe die meisten Ersparnisse, auf den Urlaub zu verzichten. Doch alles, was aus dieser Sichtweise auf lange Sicht resultiert, sind Unzufriedenheit, sinkende Produktivität und psychische Belastungen bis hin zur vielgefürchteten Erkrankung Burnout. Betrachtet man all diese Aspekte, dann sparen Personen, die auf den Urlaub verzichten, definitiv nicht. Spätere Arztkosten für Behandlungen, Arbeitsausfälle oder gar Jobverluste durch schlechtere Performance bei der Arbeit und andere weitreichende Folgen minimieren die Karriereperspektiven und steigern die Ausgaben. Urlaub ist also wichtig! Die Frage ist nur: Wie halte ich den Urlaub möglichst günstig und gleichzeitig spektakulär? Gewiss, aber heißt es nicht: Wie verzichte ich auf den Urlaub? Die folgenden Tipps werden Ihnen den Weg weisen, einerseits einen spektakulären und erfüllenden Urlaub zu verbringen, im gleichen Zuge aber zu sparen. Kaum einer der Tipps wird Ihnen empfehlen, auf das 5-Sterne-Hotel oder auf den Flug zu verzichten. Nahezu jeder der Tipps wird im Rahmen Ihrer individuellen Ansprüche an Luxus und Qualität Ratschläge geben. Dabei im Fokus: Gleichbleibender oder noch größerer Luxus zum geringeren Preis!

Urlaubsausrüstung vor Ort mieten oder kaufen und mitnehmen?

Wer in den Urlaub fährt, möchte eine sichere und unbeschwerliche Hin- und Rückreise haben. Zudem soll der Urlaub an sich mit all seinen Aktivitäten komfortabel und gelungen sein. Darüber hinaus möchten Urlauber die Kosten möglichst geringhalten. Selbst die

Personen, die sich als wohlhabend einschätzen und es erst recht nicht für notwendig erachten, im eigentlich dem Vergnügen gewidmeten Urlaub einen Sparkurs einzuschlagen, werden in diesem Unterkapitel unter Umständen zum Umdenken gebracht. Es geht um die Frage, ob Urlaubsausrüstung vor Ort gemietet werden oder mitgenommen werden sollte. Diese Frage ist bei Aktiv- und Sporturlauben hoch im Kurs, in denen es darum geht, Fahrräder oder anderes Equipment beim Urlaub vor Ort zu haben.

Auf der Seite der Vorteile für eine Miete steht der entfallende Aufwand beim Transport. Doch damit sind wir auf Seiten der Vorteile bereits am Ende angelangt. Denn ansonsten verursacht eine Miete bei häufigen Urlauben mit benötigtem Equipment höhere Kosten und – dies ist für Wohlhabende ein einschlägiges Kriterium, auf eine Miete zu verzichten – mindert den Komfort. Die Minderung des Komforts ist darin begründet, dass die gemieteten Fahrräder, Skier, Schlittschuhe und weiteren Ausrüstungen sich, der höchsten Wahrscheinlichkeit nach, nicht optimal an den eigenen Körper anpassen. Es müsste gefühlt die Hand Gottes im Spiel sein, damit Sie im Mietangebot ein Fahrrad finden, welches für Ihren Körper ideale Rahmen- sowie Sitzeinstellungen vorweist und zeitgleich hinsichtlich der Verarbeitung und Leistung Ihren Ansprüchen entspricht. Mit einer provisorischen Lösung den ganzen Urlaub durch die Gegend zu fahren oder Ski zu laufen, hätte nichts mit dem gewünschten Komfort zu tun, den jede Person von ihrem Urlaub erwartet. Sich nach zwei Tagen Urlaubszeit bereits mit Rückenschmerzen den Arbeitsplatz zu ersehnen, sollte nicht das während des Urlaubs vorherrschende Gefühl sein. Somit sparen sowohl wohlhabende Menschen als auch Geringverdiener an der Mitnahme ihrer Ausrüstung und erhalten zugleich einen größeren Komfort als bei einer Miete. Doch wie verhält es sich mit dem Aufwand hinter der Mitnahme der Ausrüstung? Ist die Mitnahme der eigenen Ausrüstung überhaupt möglich?

Zunächst die Antwort auf die letzte Frage: Nahezu immer lässt sich das benötigte Equipment für einen Urlaub mitnehmen. Hierfür wurden spezielle Trägersysteme geschaffen:

> Dachträger: Das zu transportierende Equipment wird auf bzw. in speziellen Dachträgern untergebracht. Dabei ist sogar für den Transport eines Kajaks ausreichend Platz gegeben.
> Kupplungsträger: Auf der Anhängerkupplung wird ein Trägersystem montiert, das bis zu vier Fahrräder transportieren kann und die Fahreigenschaften kaum beeinflusst.
> Heckträger: Er wird an der Heckklappe befestigt und ähnelt dem Kupplungsträger, wobei die spezielle Montageart eine geringere Tragkraft zur Folge hat.

Insbesondere der Dach- und Kupplungsträger sind zu empfehlen. Spezielle Ausführungen, wie beispielsweise der Deichselträger für Wohnwagenanhänger, machen unter den widrigsten Bedingungen die Montage eines Trägersystems möglich. Rein theoretisch können Sie zwei Träger kombinieren; nämlich den Dach- und Kupplungsträger. So ist der Transport eines Kajaks und vierer Fahrräder gleichzeitig möglich, falls Sie ein hohes Aktivitätslevel für den Urlaub vorgesehen haben. Bedenken Sie, dass es einige Regeln für die Nutzung der Träger zu beachten gibt:

> Maximallasten des Trägers und des Daches bzw. der Kupplung dürfen nicht überschritten werden!
> Kennzeichen und Beleuchtung des Fahrzeugs müssen sichtbar sein! Kupplungsträger werden daher mit separatem Kennzeichen und separater Beleuchtung ausgestattet.
> Empfohlene Höchstgeschwindigkeiten der Hersteller für die Fahrt mit Trägersystemen sind einzuhalten! So stellen Sie sicher, dass Versicherungen im Falle von Unfällen greifen.

In der Regel setzen Nutzer auf ein einzelnes Trägersystem am Fahrzeug. Der Kupplungsträger erweist sich als die beliebteste Variante, da er ein bequemes Aufladen der Ausrüstung auf Kniehöhe ermöglicht. Außerdem hat er den nachweislich geringsten Einfluss auf die Fahreigenschaften, was mit nur einer geringen steigernden Wirkung auf den Kraftstoffverbrauch einhergeht.

Eine Tatsache darf nicht geleugnet werden und muss von Ihnen individuell eruiert werden: Die Häufigkeit der Urlaube und der Kaufpreis für ein Trägersystem. Wenn Sie wirklich sparen möchten, müssen die Kosten für das Trägersystem nämlich geringer ausfallen als die Kosten für die Miete vor Ort. Dies ist meistens nur dann gegeben, wenn der Urlaub mehrere Wochen dauert oder mehrmals im Jahr ein Urlaub mit demselben Equipment durchgeführt wird.

Hinweis!

Machen Sie erstmals einen Fahrradurlaub mit Ihrer Familie und sind sich nicht sicher, ob daraus eine häufigere Unternehmung wird, dann ist es besser, beim ersten Mal kein Trägersystem zu kaufen. Verschaffen Sie sich einen Eindruck vom Urlaub und erörtern Sie danach, ob regelmäßige Urlaube dieser Art wahrscheinlich sind; falls ja, dann kaufen Sie ein Trägersystem, weil sich dieses bei mehreren Urlauben finanziell lohnt.

Um Ihnen konkrete Anhaltspunkte für die Einschätzung der Kosten und den Zeitpunkt, ab dem der Kauf eines Trägersystems sparsam ist, zu geben, erfolgen einige Vergleiche mit realen Werten. Anmerkung: In den Vergleichen wird davon ausgegangen, dass Sie die Ausstattung bereits zuhause bei sich haben und nur das Trägersystem kaufen müssen.

Skier und Skischuhe mieten versus Skiträger kaufen

Bei Intersportrent.at[88] haben Sie die Möglichkeit, die Mietzeit-räume einzustellen und die Region in Österreich einzugeben. Sie erhalten Shops vorgeschlagen, die sich in der Nähe Ihrer Reiseregion befinden und die eine Miete von Ausrüstung ermöglichen. Das Ergebnis für zwei Erwachsene ist u. a. wie folgt möglich: Skier pro Erwachsenen für 25,38 € pro Tag und Skischuhe pro Erwachsenen für 8,75 € pro Tag. Damit kommen wir bei zwei Erwachsenen über die Dauer eines einwöchigen Urlaubs auf Gesamtkosten von 477,82 €. Ein Skiträger kommt auf Gesamtkosten von 100 bis 200 €, was von der Qualität abhängt.

Beispielersparnis bereits bei einem Urlaub:

200 €!

Fahrräder mieten versus Fahrradträger kaufen

Gehen wir vom Fahrradverleih in Alcudia im Nordosten Mallorcas aus: Das günstigste Fahrrad liegt bei einem Verleih bei einem Preis von 70 € pro Woche aufwärts[89]. In der Annahme eines Urlaubs mit der gesamten Familie, welcher eine Woche dauert, gehen wir von zwei Erwachsenen und zwei Kindern mit insgesamt 4 x 70 € aus. Wir kommen auf Gesamtkosten in Höhe von 280 € und müssen mit dem günstigsten Fahrrad auskommen, das qualitative Einbußen verlangt. Teurere Fahrräder werden zwar besser, aber trotzdem nicht einwandfrei im Hinblick auf die Ergonomie und das Fahrerlebnis sein.

Einen Fahrradträger, der eine Kapazität für bis zu vier Fahrräder bietet und die Mitnahme der perfekt angepassten eigenen Fahrrä-

---

[88] https://www.intersportrent.at/de?partid=aa10777519401eaa9d75e3 b6927f6c18
[89] https://www.radsport-mallorca.de/de/service/fahrradverleih-alcudia

der ermöglicht, erhalten Sie für 250 bis 580 €. Bei regelmäßigen Urlauben mit den Fahrrädern oder längeren Aufenthalten lohnen sich sogar die Premium-Produkte des Herstellers Thule, die oberhalb der 500 € Kaufbetrag liegen.

Beispielersparnis nach 10 Urlauben:

2.000 €!

Kajak mieten versus Kajakträger kaufen

In der Fränkischen Schweiz gibt es einen Anbieter, der bei zeitlicher Limitierung Kajaks für Tagestouren mit einem Preis von mindestens 30 € anbietet[90]. Dabei wird von einem Kajak für zwei Personen unter der Woche ausgegangen. Das Kajak darf nur im Rahmen der Öffnungszeiten genutzt werden. Personen, die sich zu zweit für fünf Tage in der Woche ins Kajak schwingen möchten, müssen dafür somit 5 x 30 €, also 150 €, aufbringen.

Kajakträger sind im Shop von ATU bereits für 200 € erhältlich. Diese können – je nach Träger und Größe der Kajaks – sogar bis zu zwei Kajaks tragen. Eigene Kajaks bieten mehr Flexibilität als die Miete mit einschränkenden Öffnungszeiten. Spätestens ab dem zweiten Urlaub mit mindestens einer Woche Dauer lohnt sich der Kajakträger mehr als die Miete eines Kajaks.

Beispielersparnis nach 10 Urlauben:

1.300 €!

---

[90] http://www.kajak-mietservice.de/kajak-mietservice-infos/preise-infos.html

Wussten Sie schon?

Der Kracher im Vergleich der Optionen sind gemietete Trägersysteme! Sie sind bereits ab drei Euro pro Träger und Tag im Audishop[91] erhältlich. Sie können somit die Kosten gegenüber einer Miete von Ausrüstung und einem Kauf des Trägersystems nochmals merklich senken. Sie nehmen die eigene Ausrüstung auf einem gemieteten Trägersystem mit und sparen dadurch maximal – unschlagbar!

Es spricht also weder aus Sicht von Geringverdienern noch aus Sicht von wohlhabenden Personen etwas für die Miete von Ausrüstung vor Ort. Trägersysteme bringen Ersparnisse, Komfort auf der Reise sowie im Urlaub und die absolute Lieblingsausrüstung vor Ort; nämlich die eigene Ausrüstung. Personen, die kein Geld für den Kauf eines Trägersystems ausgeben möchten, sparen durch die Miete eines Trägersystems zur Mitnahme der eigenen Ausrüstung.

Schritt #1: Bei den Reisekosten sparen – Ob daheim, in Europa oder in der Ferne

Der einheimische Urlaub ist gegenüber dem im Ausland häufig günstiger. Allerdings hängt dies von der Dauer des Urlaubs ab. Es lassen sich einige grobe Regeln formulieren, die Ihnen bei der Suche nach möglichst günstigen Urlauben helfen:

> ➢ Je kürzer der Aufenthalt ist, umso mehr empfiehlt sich ein einheimischer oder zumindest in der EU stattfindender Urlaub.

---

[91] https://www.audishop-dresden.de/vermietung/traegersysteme-mieten/

> ➤ Je länger der Aufenthalt ist, umso mehr lohnt sich der Urlaub in günstigen Reisezielen.
>
> ➤ Bei einem langen Aufenthalt in teuren Reisezielen sind die Angebote im Detail zu erörtern.

Was günstige und teure Reisziele sind, bemisst sich zunächst nach der eigenen Einschätzung, aber grundsätzlich sind die beliebten Reiseziele auf anderen Kontinenten als teuer zu bewerten: USA, Karibik, China, Australien, Neuseeland, Südafrika.

Fernreisen: Sparsam mit dem Flugzeug unterwegs

Die genannten Länder sind meistens nicht aufgrund der Unterkünfte teuer. Das nächste Unterkapitel wird Ihnen zeigen, dass Unterkünfte nahezu immer günstig zu erhalten sind. Dies trifft sogar auf einige der 4- und 5-Sterne-Hotels zu. Teuer sind die genannten Nationen aufgrund der Flugkosten. Wer als Alternative zum Flugzeug das Schiff nimmt, ist meistens noch teurer dabei. Wird von Deutschland aus quer durch Europa und Asien bis nach China mit dem Auto gefahren, tun sich neben den hohen Spritkosten und dem Zeitaufwand Probleme mit den Visa auf: Für jedes Land außerhalb der EU, das durchquert wird, ist ein separates Visum erforderlich. Dementsprechend gibt es bei der Reise in ferne Reiseziele keine Alternative zum Flugzeug, die komfortabler oder sparsamer wäre. Stattdessen ergibt sich die Frage, wie die Reise mit dem Flugzeug möglichst günstig gehalten werden kann. Folgende Lösungen existieren:

> ➤ Bei kleineren Fluggesellschaften buchen
> ➤ Umweg fahren und von anderem Flughafen starten
> ➤ Frühbucherrabatte sichern

Wer bei kleineren Fluggesellschaften bucht, spart an Kosten. Bei der Lufthansa AG liegen die Kosten (Stand 03.02.2020) für einen Hin- und Rückflug zwischen Frankfurt am Main und Miami in den USA bei rund 560 €. Auf opodo.de[92] lassen sich die Flüge mehrerer günstiger Anbieter vergleichen, wobei eine Ersparnis von rund 90 € für einen Hin- und Rückflug zwischen Frankfurt am Main und Miami in den USA an denselben Reisedaten wie bei der Lufthansa zustande kommt.

Sollte Ihnen die Buchung bei kleineren Fluggesellschaften nicht zusagen, können Sie einen Umweg zu einem anderen Flughafen fahren. Beispielsweise reisen Sie im Reisebus für 30 Euro von Frankfurt am Main zum Londoner Flughafen und von dort aus nehmen Sie den Flieger in die USA. Dies ist ein massiver Zeitaufwand, aber Sie sparen, falls Sie die Bereitschaft zu dieser Vorgehensweise haben, und die richtigen Buchungszeiträume abpassen. Häufig lohnen sich auch Reisen mit dem Bus zu nahegelegeneren Flughäfen, wie Brüssel in Belgien, um von dort aus das Flugzeug zu nehmen.

Zu guter Letzt die altbekannten Frühbucherrabatte: Diverse Reiseanbieter haben auf ihren Websites entsprechende Angebote, die Sie nutzen können, um günstig in den Urlaub zu fliegen. Die Frühbucherrabatte sind jedoch auf bestimmte Zeiträume sowie Reiseziele beschränkt, sodass Sie hier an Auswahl einbüßen.

Kurzer Aufenthalt: Zuhause und in der EU sind die Kosten am geringsten

Wer einen kurzen Aufenthalt anstrebt, der spart mit der Auswahl eines nahegelegenen Urlaubsortes. Wir in Deutschland haben den Vorteil einer begehrten Lage. Direkt in der Mitte Europas, ist ge-

---

[92] https://www.opodo.de/home/

fühlt jedes Reiseziel mit dem Bus für 30 € erreichbar. Große Anbieter wie FlixBus bieten Reisen zu guten Preisen an. Der Osten Deutschlands profitiert vom tschechischen Anbieter Regio Jet, der die Preise von FlixBus nochmals unterbietet. Als Beispiel: Die Strecke von Dresden bis nach Prag ist für unter 10 € zu überbrücken, bei der Strecke Berlin bis Prag fällt lediglich ein Aufpreis von fünf bis acht Euro an. Sind Sie also in Berlin beheimatet, dann fahren Sie die Strecke bis Prag mit zwei Personen für knapp 60 € hin und zurück. Ein nettes Wochenende in Prag wird auf diesem Wege für nur 60 € Fahrtkosten zur Realität. Dass Prag eine Weltstadt ist, steht außer Frage. Erschwingliche Preise für Unterkünfte und die preiswerten Aktivitäten vor Ort ermöglichen ein Wochenende für Pärchen für 300 € in hoher Qualität mit spektakulären Eindrücken!

Wussten Sie schon?

Die Ausstattung von günstigen Anbietern für Busreisen wird des Öfteren unterschätzt. Um die Ausstattung und das Reisefeeling bei Regio Jet aufzugreifen: Im Gegensatz zu FlixBus ist das WLAN wirklich komplett frei und nicht pro Endgerät auf 150 MB täglich beschränkt. Gratis-Kaffee und ein eigener Bildschirm für jeden Sitzplatz mit Filmen, Radio und vielem mehr runden das Angebot des tschechischen Reiseanbieters ab. Darüber hinaus werden beim Einstieg kostenlose Kopfhörer verliehen, falls keine eigenen Kopfhörer zur Nutzung des medialen Angebots vorhanden sind. So sieht das Angebot für Reisende zumindest Stand Anfang Februar 2020 aus.

Neben Regio Jet gibt es für den gesamten Osten weitere günstige Reiseanbieter. So lässt sich durch polnische Reisebusunternehmen das Nachbarland Polen preiswert bereisen. Dadurch können Sie beispielsweise die polnische Stadt Danzig an der Ostseeküste mit dem bunten Nachtleben näher erkunden, für um die 70 bis 80 € für zwei Personen mit Hin- und Rückfahrt. Auch hier fallen die

Angebote vor Ort preiswert aus. Für West-, Süd- und Nordeuropa hingegen ist FlixBus in der Regel der beste Anbieter. Halten Sie allerdings vor der Buchung eines Reisebusses immer Ausschau nach Sonderangeboten für Flüge. Nicht selten ist der Flug nach London oder Paris für 40 € hin und zurück zur Realität geworden. Entsprechende Angebote sind bei den Fluggesellschaften und über Vergleichsportale für Flüge, wie z. B. Momondo[93], einzusehen.

Im eigenen Land und in der EU sind aufgrund der geringeren Reisekosten also die Urlaube in der Regel günstiger. Dies gilt gesetzt dem Fall, dass nicht das 5-Sterne-Hotel in bester Zentrumlage zur Wiesn-Zeit in München gewählt wird. Ebenso sind Messestädte wie Köln, Hannover und Essen zu Messezeiten für Urlaube zu meiden.

Sonderfall „Lange Reisen": Fernurlaub kann sich mehr lohnen als ein Urlaub im eignen Land

Wer günstige Reiseziele in der Ferne, wie z. B. Thailand, über einen Zeitraum von mehreren Wochen bereist, der kommt unter Umständen sogar günstiger weg als bei einem Urlaub in Deutschland über mehrere Wochen. Liegen die Kosten für einen dreiwöchigen Aufenthalt in Thailands Hauptstadt Bangkok samt Flug und in einem 5-Sterne-Hotel beim günstigsten Angebot bei 1.800 € pro Person, betragen sie in München mindestens 2.500 € im günstigsten 5-Sterne-Hotel. Darüber hinaus findet sich in München ein größeres Touristenaufkommen, was das Finden langfristiger Buchungszeiträume erschwert. Der folgende Screenshot bildet einen 23-tägigen Reisezeitraum im Mai ab. Lassen Sie sich diese Zahlen auf der Zunge zergehen:

---

[93] https://www.momondo.de/

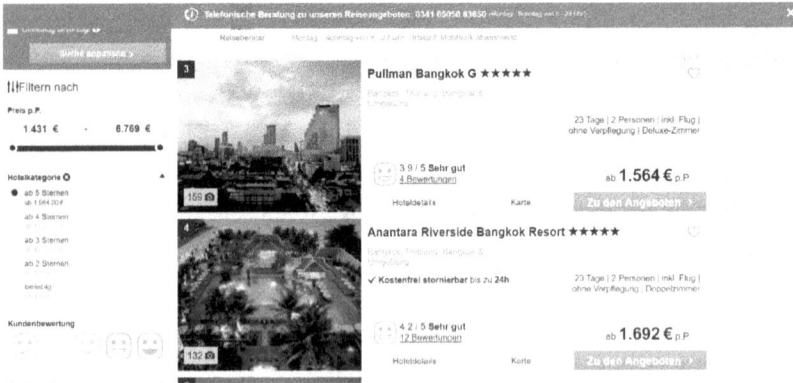

Quelle: ab-in-den-urlaub.de[94]

Die Aussicht auf 1.500 € bis 1.700 € Kosten pro Person für 23 Tage inklusive Flug (!) in Thailand in 5-Sterne-Paradiesen verdeutlichen die Aussichten, die es bei längerer Reisedauer in Urlaubsländern gibt. Natürlich sind die Hygienestandards anders als hierzulande, doch 5 Sterne werden in den seltensten Fällen eine Enttäuschung sein. Beachten Sie die Bewertungen und sichern Sie sich die Chance auf enorme Preisersparnisse!

Nun sind 1.500 € pro Person nicht unbedingt etwas, was von jeder Person mit Sparen in Verbindung gebracht wird. Doch gehen wir davon aus, Sie würden über das Jahr hinweg auf fünf Wochenendausflüge verzichten, würden Sie bereits um die 800 € einsparen. Dann lassen Sie noch einen größeren Urlaub weg und schon haben Sie anstelle der ansonsten mehr als 1.500 € für mehrere Einzelurlaube 1.500 € für ein einmaliges Thailand-Erlebnis mit 23 Tagen Entspannung am Stück beiseitegelegt. So realisieren Sie außergewöhnliche Urlaube, die Ihnen bisher nicht möglich erschienen. Neben Thailand existiert eine Reihe weiterer Destinationen, die für Ersparnisse mehr als nur infrage kommen.

---

[94] https://www.ab-in-den-urlaub.de

Hinweis!

Würden Sie im März für eine vergleichbare Dauer in Thailand buchen wollen, würden die Kosten für die besagten Hotels um mehrere Tausend Euro höher ausfallen. Im Mai hingegen ergibt sich für das Jahr 2020 (Stand: Februar 2020) das im Screenshot abgebildete Bild. Dies unterstreicht die Bedeutung einer frühen Buchung und der Flexibilität im eigenen Urlaubszeitraum. Legen Sie bei langfristigen Urlauben daher frühzeitig beim Arbeitgeber die Bitte um einen Urlaub ein und datieren Sie diesen genau. Prüfen Sie vorher drei gute Zeiträume für eine Buchung für Ihr Reiseziel. Sobald Sie die Bestätigung Ihres Arbeitgebers für den Urlaub haben, buchen Sie den Urlaub und machen die Ersparnis dingfest.

Unterm Strich lassen sich auch für teure Reiseziele, wie den USA und Australien, bei längeren Reisen günstigere Preise als für Heimurlaube erzielen. Bedingung ist nur, dass die Ansprüche an die Reiseunterkunft beim Fernurlaub gesenkt werden. Dann besteht reichlich Potenzial, um zu sparen – es kommt nur auf den Zeitpunkt und den Zeitraum der Buchung an. Apropos Unterkunft…

Beispielersparnis durch Buchung eines längeren Urlaubs in einem günstigen Reiseziel:

1.000 € bei drei Wochen Urlaubszeit!

Schritt #2: Bei den Unterkünften sparen – Das Beste zum besten Preis erhalten

Es gibt drei wesentliche und realistische Wege, Unterkünfte möglichst günstig zu buchen. Der eine ließ sich bereits aus dem letzten Unterkapiteln mit den Hinweisen zu Ersparnissen bei Reisekosten herauslesen: Es wird alles in einem gebucht. Wer Flug, Unterkunft und Programm vor Ort in einem Paket bucht, ist preiswerter bedient als eine Person, die das Gesamtpaket selbst zusammenstellt. Verstehen Sie es nicht falsch: Grund für den guten Preis ist nicht die Tatsache, dass es in der Natur solcher Komplettpakete liegt, günstiger zu sein. Begründen lässt sich dies mit folgenden Tatsachen:

Erstens: Wenn Sie selbst alles einzeln buchen, dann riskieren Sie, bei Flug, Unterkunft oder Programm vor Ort einen ungünstigen Zeitpunkt zu erwischen, da alles von unabhängigen Anbietern ist und die Nachfrage variiert. Mindestens einige Posten werden teuer ausfallen, und Sie werden spontan darauf eingehen, weil Sie bereits bei einem Posten, z. B. dem Flug, gespart haben.

Zweitens: Sie kennen sich am Reiseziel – es sei denn, Sie bereisen es häufig – weniger aus und kennen die Ersparnispotenziale nicht. Auch lassen sich die möglichen Ersparnisse nicht immer übers Internet identifizieren.

Bei einer Zusammenstellung durch einen Reiseanbieter hingegen, bei dem Sie alles aus einer Hand buchen – Flug, Unterkunft, Programm (nennen wir es ein All-in-One-Paket) – können Sie sich gewisser Dinge sicher sein:

> ➢ Kenntnis über gute Konditionen vor Ort
> ➢ Feste Kooperationen mit Hotels, Fluggesellschaften und weiteren Partnern -> zugesicherte Preise!
> ➢ Durch Kooperationen erhält der Anbieter Vergünstigungen, von denen Sie profitieren

Natürlich streicht der Reiseanbieter einen Teil der Ersparnisse selbst ein und vergütet dadurch seine Mitarbeiter. Zudem macht der Reiseanbieter Gewinn. Sie allerdings profitieren auch, was letzten Endes für Sie das Wichtige ist. Somit ist der erste Tipp die Buchung eines All-in-One-Pakets, um an den Kosten für eine Unterkunft zu sparen.

148

Wussten Sie schon?

Je nach Reise haben Reiseanbieter im Programm die ein oder andere Nacht außerhalb der Unterkunft vorgesehen, sodass Sie Abwechslung erhalten. Die betroffenen Nächte werden dann z. B. auf einem Schiff verbracht. Würden Sie selbst buchen und eine Nacht alternativ verbringen wollen, müssten Sie zwischendurch im Hotel auschecken oder die Nacht, in der Sie sich außerhalb des Hotels aufhalten, doppelt bezahlen. Schauen Sie sich die Programme der Reiseanbieter durch, wenn Sie daran interessiert sind, einen im Hinblick auf die Übernachtungen abwechslungsreichen Urlaub zu erhalten.

Neben dem All-in-One-Paket sparen Sie, wenn Sie anstelle von Hotels Unterkünfte über Portale buchen. Da das vertrauenswürdigste und seriöseste Portal Airbnb[95] ist, wird an dieser Stelle näher auf dieses eingegangen. Die weiteren Optionen werden nur kurz genannt:

- ➢ Wimdu[96]
- ➢ 9flats[97]
- ➢ Housetrip[98]
- ➢ Gloveler[99]

Die genannten Portale unterscheiden sich von der Gebührenaufteilung zwischen Mieter und Vermieter, werden im Folgenden jedoch nicht näher erläutert, da sie weder vom Angebot noch von der Sicherheit her mit dem Branchenprimus Airbnb mithalten können.

---

[95] https://www.airbnb.de/
[96] https://www.wimdu.de/
[97] https://www.9flats.com/de
[98] https://www.housetrip.de/
[99] https://gloveler.de/

Allem voran bei Wimdu gab es immer mal wieder negative Berichte, dass bei Schäden durch die Mieter die Verantwortung vom Portal abgestoßen und auf die AGB verwiesen wurde: „Die Versicherungen greifen nur in Sonderfällen. Bitte das Kleingedruckte lesen." Sie als Vermieter sind zwar im weitaus geringeren Risiko, doch ein Portal, das bei Anliegen der Vermieter die Verantwortung abweist, wird bei Ihren Anliegen als Mieter wahrscheinlich genauso verfahren.

Airbnb hingegen ist nicht umsonst Branchenprimus. Zwar kommt es auch hier vor, dass Buchungen kurz vor der Ankunft storniert werden und die Mieter vor Ort plötzlich auf ein Hotel umsteigen müssen, doch sind diese Geschichten seltener als bei den anderen genannten Plattformen. Sie haben wiederum die Perspektive, eine preiswerte Unterkunft zu erhalten. Je nach eigenen Ansprüchen können Sie es luxuriös oder aber schlicht halten. Das Portal stellt verschiedene Arten von Unterkünften zur Verfügung. Da bei einem Urlaub im eigenen Land selten All-in-One-Pakete gebucht werden (da der Flug entfällt), ist die Buchung von Unterkünften über Airbnb eine wichtige Gelegenheit zu Ersparnissen bei den Unterkünften für heimische Urlaube.

Eine kurze Einführung in die Nutzung von Airbnb:

Quelle: airbnb.de[100]

Sie können neben Unterkünften auch Entdeckungen und Abenteuer buchen, worunter Tipps zu Sehenswürdigkeiten sowie Angebote für umfangreiche mehrtägige Programme enthalten sind. Weiter unten wird Ihnen von Airbnb die Wahl sogenannter Plus-Unterkünfte offeriert. Diese Unterkünfte zeichnen sich dadurch aus, dass sie auf Qualität und Design überprüft wurden. Durch eine Buchung dieser Unterkünfte erhalten Sie eine größere Sicherheit, zu dem gewünschten Preis das zu erhalten, was Sie wünschen.

Beschäftigen wir uns mit den Buchungsoptionen an sich:

Quelle: airbnb.de[101]

Sie finden mehrere Filter vor, wozu die Reisedaten, Anzahl der Gäste, die Option einer Geschäftsreise, die Art der Unterkunft, eine angepeilte Preisspanne, die sofortige Buchung und eine Menge weiterer Filter gehören. Unter den weiteren Filtern finden Sie Ausstattungsmerkmale ebenso wie besondere Unterkünfte (z. B. Baumhaus, Flugzeug) vor.

---

[100] https://www.airbnb.de/
[101] https://www.airbnb.de/

151

Um Ihnen die umfangreiche Auswahl allein im Bereich der Unterkunfts-Arten zu zeigen:

✕	Weitere Filter	
☐ Haus	☐ Wohnung	
☐ Blockhütte	☐ Bungalow	
☐ Chalet	☐ Cottage	
☐ Dammuso (Italien)	☐ Gästehaus	
☐ Gästesuite	☐ Kykladisches Haus (Griechenland)	
☐ Loft	☐ Pension (Südkorea)	
☐ Reihenhaus	☐ Trullo (Italien)	
☐ Villa		

Alle löschen

Mehr als 300 Unterkünfte anzeigen

Quelle: airbnb.de[102]

Mittlerweile ist es Teil eines abwechslungsreichen und denkwürdigen Urlaubs geworden, die beeindruckenden Möglichkeiten bei Airbnb wahrzunehmen. Wer würde nicht gern in einem Kykladischen Haus in Griechenland wohnen? Hierbei handelt es sich um die kleinen Steinhäuser, die des Öfteren weiß sind und auf Ecken und Kanten verzichten. Sie versetzen einen ins Zeitalter vor Christus zurück. Oder darf es ein Dammuso in Italien sein? Diese Häuser wurden aus natürlichen Grotten gebildet. Wie sieht es mit einem Trullo in Italien aus? Charakteristisches Merkmal dieser Häuser ist das wie ein Kegel von unten rund bis nach oben hin spitz zulaufende Dach.

---

[102] https://www.airbnb.de/

Doch kommen wir zu den Ersparnissen zurück, die der wesentliche Aspekt sind. Im eigenen Land lohnen sich Unterkünfte über Airbnb, ebenso verhält es sich bei Reisen in Europa. Bei Fernreisen empfehlen sich nach wie vor über Reiseanbieter zusammengestellte All-in-One-Pakete, wohingegen bei einer eigenen Zusammenstellung des Urlaubs die Buchung von Airbnb-Unterkünften erneut vielversprechend wird. Wagen wir einen Vergleich mit Zahlen:

➢ Wird von einem luxuriösen Urlaub ausgegangen, dann liegt der Preis für 9 Übernachtungen in einem 5-Sterne-Hotel in Paris im Schnitt bei 3.500 € für zwei Erwachsene. Bei Airbnb werden Design-Appartements, die zugleich Plus-Unterkünfte sind, zum Vergleich herangezogen. Luxus für im Schnitt 2.000 € für zwei Erwachsene – und weitaus mehr Platz in der Unterkunft!

➢ Wechseln wir ins günstige Preissegment: Es wird das günstigste Hotel in Mailand über die Plattform booking. com ausgesucht, wobei erneut 9 Übernachtungen für 2 Erwachsene gebucht werden. Dabei fallen als günstigster Preis 633 € an. Auf Airbnb lassen sich bereits hübsche Appartements mit drei Zimmern zu einem Gesamtpreis von 326 € finden.

➢ Nun gehen wir von der Annahme eines Urlaubs im eigenen Land aus: In Berlin fallen für zwei Erwachsene bei 9 Übernachtungen in einem Mittelklassehotel 600 bis 800 € an. Auf Airbnb bestehen Aussichten auf bis zu 400 € Ersparnis bei gleicher Qualität.

Bitte haben Sie Verständnis dafür, dass zum Beweis nicht mit Screenshots gearbeitet werden kann, da diese einen Einblick in private Unterkünfte auf Airbnb gewähren würden, was untersagt ist. Berücksichtigen Sie zudem die Abweichungen bei den Preisen, die sich aus individuellen Anforderungen an Unterkünfte ergeben können. Die angegebenen Zahlen sind aber mehr als nur realistisch. Zudem wurden Unterkünfte auf Airbnb ausgesucht, die von der Qualität her mit den einzelnen Hotels mithalten oder diese sogar übertreffen. Sie haben nun die Perspektiven kennengelernt, die Ihnen eine Buchung von Unterkünften über Airbnb verschafft. Vergleichen Sie stets mit den Hotelpreisen, buchen Sie über Airbnb und legen Sie den im Vergleich zum Hotel gesparten Betrag beiseite. Diesen können Sie in eine Geldanlage investieren oder für die Finanzierung einer anderen Aktivität oder Sache aufheben.

Abschließend zu diesem Unterkapitel werden einige weitere Möglichkeiten genannt, mit denen Sie bei Unterkünften sparen können:

➢ Vergleichsportale: Meistens sind es Vergleichsportale für Flüge, die auch Unterkünfte für Sie vergleichen.
➢ Blogbeiträge/Ratgeber: Geben Sie Keywords wie „günstige Unterkunft in XY (Stadt nennen)" in der Suchmaschine ein. Hin und wieder finden sich hilfreiche Geheimtipps in Blogbeiträgen.
➢ Erfahrungsaustausch: Haben Sie Personen in der Familie, im Freundeskreis, auf der Arbeit oder in einem anderen Kontext, die Ihren angestrebten Reise-Ort bereits bereist haben, dann fragen Sie direkt nach, ob die Person günstige Unterkünfte kennt.

Beispielersparnis bei einem einwöchigen Urlaub durch Airbnb anstelle eines Hotels:

300 €!

154

Schritt #3: Beim Reiseprogramm sparen – Wie Aktivitäten möglichst günstig werden

Das Reiseprogramm lässt sich bereits dadurch günstig gestalten, dass Sie Aktivitäten aussuchen, die nichts kosten. Wer z. B. Prag besucht, der muss für die Besichtigung des Veitsdoms, der Prager Rathausuhr, der John-Lennon-Mauer und des Pulverturms nichts bezahlen. Wer Prag zur Sommerzeit besucht, darf sich über freie Konzerte im Dom und zahlreiche professionelle Musiker auf den Straßen freuen. Letzten Endes definiert der eigene Einfallsreichtum, wie hoch die Kostenersparnisse ausfallen.

Nichtsdestotrotz lassen sich Möglichkeiten, vor Ort zu sparen, ausmachen. Diese bestehen allem voran darin, sich mit Angeboten kleiner einheimischer Anbieter auseinanderzusetzen. Wer einen Urlaub bucht und in einem populären Resort landet, wird bei diesem Resort in der Regel immer Flyer oder organisierte Tagesausflüge vorfinden. Diese Angebote sind selten die preiswertesten. Es handelt sich oftmals um Kooperationsangebote, an denen der Resort-Betreiber mitverdient und die einen gehobenen Preis aufweisen. Wer günstig einen Treffer landen möchte, der informiert sich unabhängig und wählt nicht den einfachsten Weg. Besonders teuer wird es tendenziell, wenn das Resort einzelne Ausflüge mitorganisiert. Ein hervorragendes Beispiel sind die Holiday-Resorts an der türkischen Ägäis, wo sich rund um das belebte und große Dorf Ören zahlreiche Holiday-Resorts tummeln. Wer einen Bootsausflug zur Insel Ayvalik über die Resorts bucht, zahlt häufig die drei- bis fünffache Summe in Relation zu einer Buchung bei einem kleinen örtlichen Anbieter. Mehrere Holiday-Resorts an dieser Küste sind von deutschen Unternehmern geführt, die wissen, wie die Preise in westlichen Ländern sind. Sie kooperieren mit einem Un-

155

ternehmer, der Bootsausflüge anbietet, und legen einen Preis fest, wie ihn Personen bei kleineren Anbietern im Dorf nicht hätten. Während beim Bootsausflug über das Holiday-Resort im Schnitt rund 80 € pro Person anfallen (Stand: Juni 2016), sind es bei Anbietern im Dorf um die 30 € pro Person.

> **Hinweis!**
>
> Setzen Sie sich mit Angeboten vor Ort auseinander, ist es ratsam, eine Person dabeizuhaben, die der Sprache des Urlaubslandes mächtig ist. So kommen Sie in eine bessere Verhandlungsposition und die Wahrscheinlichkeit, Opfer fieser Maschen zu werden, sinkt. Mit der englischen Sprache sind Sie in den populärsten Reisezielen bereits gut versorgt.

Ersparnisse beim Reiseprogramm sind einfach machbar. In einigen Ländern ist es ohne Sprachkenntnisse zwar riskant, auf die Angebote kleiner Anbieter einzugehen, doch mit einem Dolmetscher ist das Problem gut gelöst. Besteht eine inadäquate Kommunikation, dann ist es besser, auf Nummer sicher zu gehen und auf die teureren Angebote größerer Anbieter vor Ort zu setzen. Ansonsten spielt, wie Sie erkennen durften, Ihre Kreativität eine große Rolle. Kostenloser Zeitvertreib ist in dieser Hinsicht ein großer Zugewinn.

Zusammenfassung

Es fasziniert in vollem Umfang, wie sich durch simple Vergleiche, frühzeitige Buchungen und bereits seit langem bekannte Alternativen zu Hotels, nämlich Airbnb, Ersparnisse verwirklichen lassen. Preise für Flüge in die verschiedensten Destinationen werden vor allem durch den Zeitpunkt der Buchung und das Reiseziel bestimmt. Der Zeitpunkt der Buchung hat möglichst früh zu erfolgen, während das Reiseziel bei einem langfristigen Urlaubszeitraum kaum eine Rolle spielt. Bei kurzen Urlauben empfiehlt sich eine Reise per Bus innerhalb Europas. Die Preise fallen denkbar günstig aus, wobei neben FlixBus im osteuropäischen Reiseraum zahlreiche Reiseanbieter für Busreisen mit höherer Qualität überraschen. Erwägen Sie deswegen des Öfteren, neben FlixBus anderen Anbietern zu vertrauen. Unterkünfte sind über Airbnb am günstigsten und halten bei gut überlegter Wahl selbst den luxuriösesten Ansprüchen stand. Was das Reiseprogramm vor Ort angeht, finden Sie durch eigene Kreativität in einer kostenlosen Erkundung der Stadt und in Angeboten kleinerer einheimischer Anbieter kostensenkendes Potenzial.

SCHLUSSWORT

Die Möglichkeiten zu sparen sind gegeben. Statt sich über hohe Mieten und hohe Preise zu beschweren, sind wir besser damit beraten, Lösungen zu erarbeiten. Einige dieser Lösungen fordern Kreativität, aber der Großteil der Lösungen ist denkbar einfach. Für nahezu jedes physische Gut gibt es – das durften Sie selbst sehen und auf Websites erkunden – Gutscheine. Im Prinzip müssen Sie Ihre Wunsch-Ersparnis nur in eine Suchmaschine eingeben, und auf der ersten Seite mit den Suchergebnissen finden Sie immer etwas Passendes. Sie haben den Vorteil, dass Sie nach dem Lesen dieses Buches die gesamten Plattformen für Ersparnisse kennen.

1. Schritt: Schreiben Sie sich alle Websites, die beim Sparen helfen, aus dem Buch heraus! Durch das nochmalige Durchlesen des Buches wiederholen Sie die Inhalte und verinnerlichen diese besser.

Nun kommt das Haushaltsbuch ins Spiel: Sie haben gelernt, dass ein erheblicher Teil des Sparens eng mit der Organisation verknüpft ist, die Sie bei Ihren Finanzen und allgemein im Alltag aufbringen. Ihr persönliches Kakebo, Ihr Haushaltsbuch, Ihre App oder was auch immer Sie zum Festhalten der Finanzen nutzen, sollte täglich gehegt und gepflegt werden. Nur so gelingt es Ihnen, Transparenz in Ihre Kostenstruktur zu bringen und sich klare Grenzen für Ausgaben in einzelnen Bereichen des Lebens – z. B. bei Abonnements, Mode, Lebensmitteln, Technik – zu setzen.

2. Schritt: Legen Sie das Haushaltsbuch Ihrer Wahl an – ob digital oder handschriftlich – und unterteilen Sie es in Kategorien, die für Ihr Leben Sinn ergeben. Prüfen Sie nun, welche der Websites aus Schritt 1 Ihnen helfen, zu sparen.

Nachdem die kleinen Defizite ausgemerzt wurden, geht es an die laufenden Kostenposten. Dazu gehören neben der Miete, den Energiekosten, den DSL-Verträgen, den Versicherungskosten und den Abonnements auch die Kosten für das Bankkonto. Entscheiden Sie sich für eine Direktbank, die Ihnen neben der kostenlosen Kontoführung reichlich Möglichkeiten zur übersichtlichen Gestaltung Ihrer Finanzen einräumt. Dies fördert die kluge Verwaltung Ihrer Finanzen, mit der Sie durch das Haushaltsbuch beginnen.

3. Schritt: Entdecken Sie Ihre Spielräume zur Kostensenkung bei laufenden Verbindlichkeiten und beim Konto. Nachdem Sie dies umgesetzt haben, sind die größten Kostenfaktoren minimiert, und Sie sparen Geld. Investieren Sie dieses klug.

Einen Teil des gesparten Geldes legen Sie für Ihren Urlaub zurück, wobei Sie gelernt haben, wie Sie den Urlaub – auch über den Kontinent hinaus – möglichst günstig ausrichten können. Behandeln Sie zudem die Dinge gut. Dies betrifft neben den technischen Geräten vor allem das Fahrzeug mit all seinen Verschleißteilen. Dann werden Sie seltener Ersparnisse anzapfen müssen, um Reparaturen oder neue Technikkäufe durchführen zu müssen. Die Ersparnisse zahlen Sie stattdessen bestenfalls in ein Sparprodukt ein, welches eine vielversprechende Rendite abwirft. Informieren Sie sich hierzu in Büchern und ebenso in Sendungen möglichst umfangreich über Wertpapiere, Immobilien und fondsbasierte Altersvorsorgeverträge. Nehmen Sie Abstand von festverzinslichen Produkten, Tagesgeldkonten und Sparbüchern.

Fühlen Sie sich gut informiert? Dann legen Sie los! Sie haben alles, was für Ersparnisse im Bereich von mehreren Hundert bis Tausend Euro pro Jahr gebraucht wird.

QUELLENVERZEICHNIS

Literatur-Quellen:

Klein, C. M.: *Geld sparen und clever reich werden*. Düsseldorf: Christopher Klein & Jens Helbig GbR, 2019.

Naumann und Göbel: *Kakebo – Das Haushaltsbuch*. Köln: Naumann und Göbel Verlagsgesellschaft mbH, 2018.

Ochse, F.: *Wie Sie Geld und Ärger sparen*. Berlin: Ullstein Buchverlage GmbH, 2020.

Schreiber, J.: *Geld sparen – Leicht gemacht*. Erlangen: Jürgen Schreiber, 2019.

Online-Quellen:

https://www.sparwelt.de/gratis/cashback#gratis

https://www.einfach-sparsam.de/geld-sparen/lebensmittel-coupons/

https://www.sparwelt.de/gratis/cashback

https://www.einfach-sparsam.de/geld-sparen/lebensmittel-coupons/

https://www.einfach-sparsam.de/coupons/aktionen.php?id=3064#maerkte

https://koffein.airwaves.de/

https://www.empfohlen.de/

https://testerjob.net/

http://www.mindesthaltbarkeitsdatum.de/haltbarkeit-von-lebens-mittel/

https://www.steuernetz.de/gesetze/lmkv/7a

http://www.mindesthaltbarkeitsdatum.de/verbrauchsdatum/

https://www.abendblatt.de/ratgeber/wissen/article106505706/Wieso-wird-Obst-schneller-faul-wenn-ein-Apfel-dabeiliegt.html

https://foodpreise.de/mcdonalds/

https://www.supermarktcheck.de/

https://www.verbraucherzentrale.de/wissen/lebensmittel/lebens-mittelproduktion/who-verarbeitetes-fleisch-krebserregend-12300

https://www.hallo-eltern.de/lifestyle/einkaufsplanung/

https://www.wunderweib.de/outlet-center-deshalb-sind-die-prei-se-so-guenstig-98771.html

https://www.cityoutletbadmuenstereifel.com/wissenswertes/wieso-guenstige-preise-im-outlet/

https://www.prozenthaus24.de/mode

https://de.vestiairecollective.com/

https://www.rebelle.com/

https://www.ubup.com/

https://www.kleiderkreisel.de/

https://www.maedchenflohmarkt.de/

https://www.ndr.de/ratgeber/verbraucher/LED-und-Energiespar-lampe-ersetzen-die-Gluehbirne,leuchtmittel102.html

https://veevii.de/

https://veevii.de/angebot/gebrauchtes-iphone-x/

https://asgoodasnew.de/

https://www.rebuy.de/

https://www.smallbug.de/

https://www.amazon.de/

https://www.ebay.de/

https://www.ebay-kleinanzeigen.de/

https://www.idealo.de/

https://www.guenstiger.de/

https://www.billiger.de/

https://preisvergleich.check24.de/

https://www.festplatte.com/ssd-festplatte/

https://www.netzwelt.de/5g/168913_3-5g-deutschland-stand-net-zausbaus-ueberblick.html#steht-5g-deutschland

https://blog.kaputt.de/lang-lebe-der-akku-tipps-zum-umgang/

https://www.airbnb.de/

https://www.energie-maklerpool.de/startseite.html

https://www.remind.me/

https://breitbandmessung.de/

https://www.check24.de/

https://www.verivox.de/

https://www.capital.de/geld-versicherungen/die-sieben-haeufig-sten-versicherungen-in-deutschland

https://de.statista.com/themen/251/berufsunfaehigkeit/

https://bdvm.de/de/

https://www.knip.de/

https://www.welt.de/motor/news/article156102397/Leser-fragen-Experten-antworten.html

https://de.statista.com/statistik/daten/studie/533174/umfrage/anteil-der-nutzer-von-online-banking-in-deutschland/

https://de.statista.com/themen/872/online-banking/

https://www.giroexperte.de/

https://www.bmjv.de/DE/Verbraucherportal/FinanzenVersicherungen/Kontowechselhilfe/Kontowechselhilfe_node.html

https://de.statista.com/statistik/daten/studie/305106/umfrage/anzahl-der-kunden-der-ing-diba/

https://de.inflation.eu/inflationsraten/deutschland/historische-inflation/vpi-inflation-deutschland.aspx

https://www.wiwo.de/erfolg/beruf/lehrer-warnen-vor-einfluss-des-tippens-von-hand-schreiben-macht-schlauer/24197710.html

https://www.mint.com/

https://primoco.me/de/

https://play.google.com/store/apps/details?id=com.realbyteapps.moneymanagerfree&hl=de

https://www.mint.com/how-mint-works/budgets

https://www.finanztip.de/lohnsteuerhilfeverein/

https://www.vlh.de/arbeiten-pendeln/dienstfahrten/leasing-raten-von-der-steuer-absetzen.html

https://www.test.de/Steuerberatung-Wer-bei-der-Steuererklaerung-hilft-und-was-das-kostet-5137729-5137736/

https://www.intersportrent.at/de?partid=aa10777519401eaa9d75e3b6927f6c18

https://www.radsport-mallorca.de/de/service/fahrradverleih-alcudia

http://www.kajak-mietservice.de/kajak-mietservice-infos/preise-infos.html

https://www.audishop-dresden.de/vermietung/traegersysteme-mieten/

https://www.opodo.de/home/

https://www.momondo.de/

https://www.ab-in-den-urlaub.de/iberl/hotels/port/654/idestflat/Bangkok/dest/321/depDate/01.05.2020/retDate/24.05.2020/duration/6_91/adult/2/children/0/multiRoomCount/1/optCategory/3/hotelAttributesSport/-1/switchController/service-layer/switchAction/process/switchDestinationField/input/hotelId/0/area/321/step/3/filterAttributeGroups/rating1/village/Bangkok/hotelAttributes/-1/mdAttributeGroups/rating1/depAirport/5000%2C5001%2C5002%2C5003/sort/stars/orderdir/desc/order/desc/page/1?asdd=aj2bb5bp1da1dk0lc0me3nt1or0pp0rc0si0tm0ts3tz1vc1vd1vw0xi0

https://www.wimdu.de/

https://www.9flats.com/de

https://www.housetrip.de/

https://gloveler.de/

www.ingramcontent.com/pod-product-compliance
Lightning Source LLC
Chambersburg PA
CBHW071414210326
41597CB00020B/3502